民国
演讲

MINGUO YANJIANG

战斗的可能

民国演讲

第二编

张学良 等 著

中国文史出版社

出版说明

本丛书选取的六百余篇民国时期的演讲，来自社会地位、术业专攻、身后评价不同的近二百位民国人物，政界、军界、商界、新闻界、学术界、教育界、文艺界、民间团体等，无所不包，力求全面地呈现多元化的民国风貌。

本丛书涉及史料庞杂，文章取舍与编排依循一定原则，具体说明如下：

一、本丛书收录的演讲稿，时间范围从 1912 年 1 月起，至 1949 年 9 月末止。全套共分为十编，每一编均以时间为轴，依演讲者出生年月排次；以人物为面，按演讲发表时间排序。每位人物均附生平简介。

二、本丛书收录篇目以演讲为主，其他如宣言、广播稿、采访谈话、讲义以及当众宣读的论文、报告、答辩词等，亦有部分收录。

三、本丛书所选资料来源广泛，多为翻阅国家图书馆及各地方图书馆馆藏民国文献，如民国时期出版的各种文集、报纸、杂志等，经重新录入、点校所得。所收录文章有不同版本者，以出版（发表）

时间较早或内容较全的版本为主。

四、本丛书所选之演讲者，均为在其所属领域具有代表性或典型性的人物，但限于篇幅、编者知识水平以及其他种种因素，尚有部分人物演讲未能收录。

五、对于生平演讲颇丰的人物，在筛选其文章时，编者在主题不重叠的前提下，尽量撷取背景、场合、受众不同，且较有内容价值的若干篇目，以求多方位地展现该人物的思想和主张。

六、鉴于本丛书的史料性，编者在进行编校加工时，以尊重原作为基本原则，对于严重违背史实、观点偏激、存在不当舆论导向的个别语句，酌情做删节处理，处理后并不影响原文主旨大意的表达。

七、由于民国时期语言文字、标点的用法与现在有所不同，为方便现代读者阅读，编者在尽量保留作品原貌的情况下，做了如下处理：

（一）繁体字改为简体字。

（二）原文竖排均改为横排。

（三）原文无标点或仅有部分标点的，由编者根据文意断句加标点。原文标点有明显错漏的，编者予以修改或增补。

（四）原文有明显错误、漏缺等情况的，由编者加“〔 〕”，并在六角括号中注明正确或增补的字，以供参考。原文有明显衍字的，由编者直接删改，以免造成困惑和歧义。原文不清、无法辨识且难以根据上下文推断的文字，用“□”表示。其他无从判断正误的情况，不妄作改动。

（五）原文不符合现代汉语写法的词语，如“澈底”、“那末”、

“罢”（吧）、“底”（的）等，均按现代汉语习惯写法进行更改，并不影响语句原意。

（六）原文中的人名、地名等的译名以及相关专有名称，在不影响读者理解的情况下，原则上不改为现今通用译名；有碍理解的，由编者作注说明。

（七）凡未标“原注”的注释，均为编者所加。

本丛书卷帙浩繁，尽管尽心竭诚，力求取精用宏，然因我们能力有限，亦难免存在缺失疏漏，热望社会各界批评与指正。

编　者

2019 年 10 月

前　言

民国是新旧思想交替的时代，是中外思潮碰撞的时代，是政治风云变幻的时代，更是文化色彩斑斓的时代。

了解一个人，多是先听其谈吐；了解一个时代，自然也少不得听它的声音。于是，便有了这套“民国演讲”系列丛书——说民国与民国的说；声音的历史与历史的声音。

演讲，即是就某个问题对听众说明事理或发表见解，展示想法或愿景，归根结底是一种交互行为。从某一个角度来说，交互推动进步。人与物的交互刺激发明和创造，比如工具的使用及生产技术的革新；人与人的交互产生人文伦理和传世价值，激发人类去思考良知、理性和社会责任。演讲作为一种人与人之间的交互方式，既能将物质的也能将精神的文明成果集合并发散，承前并启后，抑扬顿挫，精准了当，让讲者内心燃烧，让故事迸溅火花，由是观之，可谓是顶高级的传播艺术。至今为止，这种艺术仍既是经典的，也是前沿的。

我们本着这样的认识和眼光，从瀚如烟海的故纸堆中，拣选出近二百位民国时期来自不同领域的出色人物，收录了六百余篇民国时期的各类演讲。其中一些人物的一些演讲还是第一次进入读者的视野，这样的瞩目当属来之不易。这些演讲作品中，既有关乎济世救国的拳拳之心，或王者之气，或匹夫之责；也有阐述百年树人的教育方略，或家长之情，或师长之意；更有充满文学之妙的作家才情，或指点江山，或陶醉草野。无论是叱咤风云，还是低吟浅唱，无论是逆势反常或是领情会意，无论是节日祝词还是庆生悼挽，都明确无误地引领读者进入了那个年代的景色深处，其中自有仰山之高，悬河之美。

操持数年，自知不免挂一漏万，也还是不肯罢手，一一敛来，旨在使一个时代的演讲作品得以归拢，得以装束，得以排列齐整地成体系地被集结，被收藏，被后人打量、阅读和品味。

既然说的是民国的人、民国的事，自然就回避不了民国的某一些人、某一些事——那些有过态度的和要过态度的、那些受待见的和不受待见的——人和事——也还是听听他们的说。我们通过斟酌与报备，予以选录和保留，以显示这份记载与收藏的确实与丰富。可以说，这是迄今为止收录量最大、编排体系最完备的一套民国演讲作品。

由于对民国时期文化的珍视与体恤，对于个别未能联系上演讲者后人的篇目，我们不忍轻易舍弃，只有将作品先行用之，望有关人士能够谅解，并在见到该书后及时与我们联系，以便奉寄样书和稿酬。

编　者

2019 年 10 月

目　　录

CONTENTS

顾维钧

(1888—1985)

生平简介

顾维钧（1888—1985），字少川，江苏省嘉定县（今上海市嘉定区）人。中华民国外交家。1904 年入美国哥伦比亚大学，专攻国际法及外交，获博士学位。1912 年回国，任总统秘书、内阁秘书、外务部顾问和宪法起草委员等职。1915 年起历任北洋政府驻墨西哥、美国、古巴、英国公使。1919 年和 1921 年作为中国代表团成员出席巴黎和会和华盛顿会议。在巴黎和会上，就山东的主权问题据理力争，以出色的辩论才能阐述中国对山东有不容争辩的主权，为维护中华民族的权益做出了贡献。1922—1926 年先后任北洋政府的外交总长、财政总长、代理国务总理等职，其间于 1924 年 5 月曾代表中国政府与苏联签订《中俄解决悬案大纲协定》。1931 年九一八事变后，以中国代表身份参加了国际联盟李顿调查团，调查日本帝国主义在中国东北的侵略罪行。1932 年起先后任驻法、英、美大使和驻国际联盟代表等职。1945 年 6 月出席旧金山会议，参加《联合国宪章》起草工作并代表中国在《联合国宪章》上签字；其后任国民党政府驻联合国代表。1956—1967 年历任海牙国际法庭法官、国际法院副院长、台湾国民党“总统府”资政等职。退休后定居美国。1985 年 11 月 14 日在美国纽约去世。

中国目前的局势[①]

1936年4月30日

我的同事、朋友，主席阁下，大使阁下，先生们：

能来到这里参加你们的聚会，我感到非常荣幸。对我来说，英语相比法语要容易些，然而它对我还是一门外语，而且我对使用英语缺乏自信，尽管我们的主席已经巧妙地讲了这个故事。但是我意识到尽管英语是门外语，如果使用得好的话，自有其便利。我记得有个先生向某家保险公司申请人寿保险，像往常一样，他要填写问卷。当时他遇到这样一个问题："你父亲去世的原因是什么？"这位先生很是犹豫，因为清楚地记得他的父亲曾犯过罪，并死在监狱里，他是被绞死的，他不想违背这一事实，因此稍作思索，他就这样写道："我父亲在参加公共聚会时，死在一个突然塌陷的台子上面。"（笑）大家明白，像这样使用语言是有明显的好处的，而且以极为优

① 本文是顾维钧在法国巴黎美国俱乐部发表的演讲。

雅的方式摆脱了非常尴尬的局面。

我还记得某个擅长制作毛皮大衣的中国裁缝的抱怨，他说竭尽全力承揽业务，但生意还是不行，他说他甚至不惜代价地张挂新的招牌。我问他在招牌上写了什么，他说他写的是自认为最满意的："定做毛皮大衣，你或我的毛皮。"（笑）这个可怜的男子是尽力了，只是英语并非他的擅长。

因此，当我用英语对你们演说时，我缺乏自信，所以我恳求你们的原谅。

我打算对你们非正式地谈谈中国目前的局势。你们知道，在离开这里一年多后，我刚从我的国家返回，我也希望能给你们提供现代中国大概的图景。

在过去几年里，我们一直在努力进行重建和发展经济的工作。在许多方面，我们取得了巨大的进展。如果我们以教育领域为例的话，令我吃惊的是，尽管面临各种困难，我们已竭尽所能取得很大进步。就小学的学生数而言，如果我们回顾约二十年前，亦即民国初期，当时的小学生人数不足二百万，而 1934 年教育部公布的统计数字显示有一千二百万在校小学生。以中学为例，在同一时期的 1912 年，只有四万中学生，今天的中学生数超过五十万。以大学为例，二十年前，只有四所大学，其在校大学生总数也不过五百人，可现在有一百二十二所大学和高等技术专科学校，注册大学生超过五万人。

当然，不仅智力教育如此，就是在体质培训方面，一场伟大的运动正在进行，体育已融入我们的生活。六个月前中国举行了全国运动会，十万多人参加了此次体育大会，运动大会持续了十天，并且中国的每个省都有代表参加。这些省份现在对体育运动如此地感兴趣，乃至它们彼此竞相建造体育馆和游泳池。我们的游泳明星竟是一名女孩，而非男孩，这说明女孩们已经从事体育运动。

中国的体育事业还有幽默的一面。每二三周，或每月在某些体育项目上都有创新的纪录，因此我们不断打破我们自己的纪录，然而我们仍未能达到国外已创立的那些纪录。但是这展示了我们的青年参与体育的热情，只要他们继续努力，他们就能不断进步。

现在，让我们谈论第二个通讯和运输的问题。当然由于我们国家地域广阔，而且铁路和公路短缺，因而通讯和运输迄今一直很困难，但是在过去的十年，尤其是最近五年，我们已经着手实施发展通讯运输设施的重要方案。就公路而言，在过去五年内，我们已经建成五万公里的公路。其中有些公路建造得非常好，是用碎石铺筑成的；其他一些就是寻常使用的土路。因此人们今天不仅可以从沿海到达首都南京，也可以从上海到达广州，或沿长江流域而上。目前正负责公路建设的那位总指挥向我保证，在年前中国人民将能够从上海旅行至中国的边陲云南。

航空业对于我们来说是很新鲜的。当 1929 年中国的航空业刚开始的时候，那时全年只有三百五十四个乘客，平均每天不足一名乘客。但是在 1935 年，约有一万一千人乘飞机。过去从上海溯长江到四川的省会成都需要三周；现在乘飞机只需七个小时，而且每天都有往返的班机。

如果我们讲到铁路，我必须说铁路要获得境外资本是非常困难的。尽管有困难，我们在没有外国援助的情况下仍设法进行铁路建设，当然我们非常需要外国援助。在过去四年里，我们已成功建成五千公里铁路。当然五千公里和国外的铁路里程相比是微不足道的。在美国，你们有二十五万公里的铁路，而五千公里只不过是沧海一粟。但根据我们掌控的资源，我们已尽力推行了经济发展的方案。尽管五千公里很短，在实际距离上也就是相当于我们从巴黎到莫斯科并再到乌拉尔山区的最远处。

各位，通讯运输就谈这些。在其他领域，如银行业、商业以及货币，我们已尽力重新整顿它们，以便我们可以在中国和国外更好地参与商业和贸易。经过一段时期的尝试运行，我们最后决定稳定货币的固定汇率，而且我们在去年 11 月成功地这样做了，所以现在中国的货币波动不超过英镑或美元的浮动。

在其他方面，我们也做了大量工作，比如在市政和社会福利改善上，我们建造了博物馆、图书馆和社会合作社。换句话说，在不同的活动领域有很多工作正在进行，全国都在向现代化迈进，因此我们认为只要有足够的时间和自由来改变我们的命运，我们就能够达到摆在我们面前的目标。所有这些已经完成的工作，都是在面临巨大的困难，在你们知道的艰难的形势下，尤其是在华北完成的。

或许要问这个问题：所有这种现代化意味着什么？一个完全现代化的中国对世界其他国家有何意义？鉴于我们的地大物博、人口众多，这是一个值得思考的问题，我认为其答案是很清楚的。凭借我们丰富的资源，自然资源和财富，凭借我们的矿藏蕴量和巨大的人力资源，中国当完全发展和现代化时，将是远东伟大的稳定因素，尤其凭借她热爱和平，笃信门户开放政策——而该政策是由你们伟大的政治家海约翰开创的——中国不但是维护国际和平的重要力量，而且能够给世界的再度繁荣做出很大贡献。

另一方面，如果这些巨大的力量与丰富的资源落入那些所谓的野心勃勃、胆大妄为的人手中，那么这些力量就会被铸成战争和侵略的武器，也没有人能预料其后果将会怎样。

我并不打算做任何政治演说，因此我只是表达这样的推论。历史表明，过去世界上某个地方发生的事情会在其他地方产生非常严重的反响，你们能想起20世纪初在远东发生的事情所造成的严重后果，在其后短短的十年内引起了西方局势的动荡，并把整个欧洲卷入了一场大的灾难之中。我们还没有从那场大灾难的影响中复苏过来，而历史也许又要重演。

远东战云密布，然而我们不知道何时有人能够驱散它们。我们期望最好结果，但我们不敢确定。现在，让我们希望当历史重演时，它能向着各国兴盛、和平安乐与人类友善的方向重演。

先生们，我不想耽搁你们太多的时间。对于你们给我的盛情款待，我只有表示再次的谢意。能够在法国的土地上与你们聚会，我格外高兴。法兰西热爱自由，生性和平，信仰民主，这一切引领法国创建了欧洲第一个共和国。这同样的理想和原则，在此四分之一世纪之前曾引导美利坚民族建立了美洲第一个共和国，并鼓舞和引导中国人民在一个半世纪后建立远东第一个共和国。因此，我非常高兴对你们演讲，我向你们表示衷心的感谢。作为中国的首任驻法大使，能在这里见到你们，并且就在法兰西的国土上参加美国公民代表的聚会，我们三个国家在各自的大陆上都是民主的先行者，我相信此次聚会确实是一次非常愉快的邂逅。此次邂逅不仅令我惬意，也会给国际关系专业的富有思想的学生提供有意义的思考的机会。

（马建标　译）

日本侵略与国联[①]

1937 年 9 月 15 日

过去，在对秘书长年度报告的全体讨论中，代表们已形成一种习惯，总要论及该审视年度内发生的有关世界利益或国际关注的重大事情。按照这个习惯，我提请你们注意最近在远东出现的非常严重的局势。确实，由于它的极其严重性，对世界和平孕育着可怕的后果，我感到有责任向你们通报有关情况。

两个月前我的国家再次遭受了来自日本的军事侵略。日本政府将超过三十万人的军队、几十艘军舰和几百架军用飞机派往中国，企图对我国进行政治控制和领土征服。以最致命的战争装备武装起来的日本军队，已经进攻并占领了北方的天津、北平、南口和张家口，并正继续向中国的腹地推进。在南方，在其强大舰队的帮助下，日本正试图强占上海这个远东最大的都市。日本海军宣称要对中国的整个海岸线进行非法封锁。日本的军用飞机一直对中国十三个省

① 本文是顾维钧于瑞士日内瓦参加国联第十八次大会时发表的演讲。

份的城镇进行系统空袭，有些城镇位于几百英里的内陆。尽管面临着诸多障碍，中国仍然不得不对这次新的武装侵略进行抵抗。这样，一场激烈的冲突在两国间爆发了，凶残的侵略者企图以武力把自己的意志强加于人，防卫者们则发誓拯救祖国、保护同胞。和平遭到严重破坏，至今仍是。

日本侵略者对生命和财产有计划的破坏是骇人听闻的。我不想用细节来烦扰各位，但允许我强调一下日本军用飞机对手无寸铁的市民故意攻击的恐怖行径。

在中国人口最稠密的天津市，日本飞机的轰炸一度夺走了上百人的性命，而其目的只是为了恐吓市民。支离破碎的尸体、受伤者的哭喊声，这情景是如此震颤着外国红十字会医生们的心，以至于他们强烈呼吁，希望文明国家的政府们做出努力，制止此类屠杀。

对华南城市人民的轰炸比对华北甚至更频繁、更恐怖。在对上海法租界南边的一个中国火车站的空袭中，几百个中国难民失去了生命，而且大多数是妇女和孩子。他们正等着一列火车，以便能够把他们带往位于内陆的安宁家园，而且该车站既非军事基地，也无军队在场。

这里有一篇外国目击者的简短描述，他是《每日邮报》的通讯记者，在距今不到一个星期前，他给《每日邮报》9 月 9 日的电讯上说：“昨天，在离上海不远的松江，中国妈妈们的尖叫和哭喊声撕裂了天空，她们带着蓄满泪水的眼睛和恍惚的神情，踉跄地行走在一列被轰炸过的难民火车的残骸中，寻找她们的孩子尸体的碎片。当时日本的军用飞机猛扑下来并轰炸火车，有五节车厢被炸毁了，至少三百人被炸死，四百多人受伤。”

在离海岸八十英里的不设防的常熟市，有两千人被炸死。首都南京则几乎每天都遭受着日本飞机的轰炸，简直是在市民中征收可怖的死亡税。

对中学、大学、医院、红十字单位及其他文化和慈善机构的蓄意焚烧和破坏是极为恶劣的行为。仅以中国北方最大、最著名的私人投资的教育机构南开大学为例，日本炮兵肆意地轰击这所大学的建筑物，日本军用飞机向它们扔燃烧弹。当日本的军事当局看到那些混凝土建筑物还没有完全被夷为平地时，他们又用油焚烧，用炸药破坏。

日本利用公共租界作为其在上海攻击中国人的军事基地，其结果是外国人的生命和财产也遭受了并仍在遭受严重的损失。几十个无辜的外国人已经被害或受伤，一些外国商船和军船被撞坏和遭到炸药或炮弹片的损害。外国人的设备、工厂、商店和办公楼也被日本军队占用，七万名外国居民被迫撤离上海。日本舰队声称对中国海岸进行的非法封锁，已阻碍了外国和中国的船只进入中国港口进行合法贸易。日本侵略对生命和财产的威胁如此严重，就连一个伟大而友好的国家的大使也遭到了日本两架军用飞机的轰炸和机关枪扫射，当时这位大使为公事乘坐一辆私人轿车正行驶在距上海五十英里远的地方。

总之，远东今天的形势已属极为严重的性质。掌握在凶残的主战派手中的日本已经公开诉诸武力作为其政策手段，为其庞大而有力的战争机器松绑，企图征服和控制位于亚洲大陆的中国。

也许有人会问，是什么情况引发了中日之间现在的敌对？有两份声明对此做出了充分解答，那就是中国政府分别于 8 月 30 日和 9

月 12 日给国联秘书长的报告书。这些报告书已经分发给国联成员国的政府和远东形势大会的顾问委员会，包括美国。我不需要在这里再做细节赘述，我只要提出卢沟桥事件，虽然日本把它作为在华北发动大规模军事行动的借口，但事实上它同日本的其他挑衅事件没有多大区别，其中包括日本声称 1931 年 9 月 18 日夜间其攻击奉天并随后占领整个满洲是“正义”的。

简单地说，事情大概是这样的。7 月 7 日夜日本军队在卢沟桥进行非法军事演习，卢沟桥位于北平以南十英里的铁路交会处，具有重要的战略地位，日军在那里的出现不受任何条约或协定的保护。日本军队声称一名士兵失踪，在半夜后要求进入附近的卫戍地宛平城搜查。遭到中国当局的拒绝后，日本步兵和炮兵突然向宛平城发起攻击。当中国驻军自卫抵抗时，日本立刻对中国军队有序地展开了大规模的军事进攻。用他们自己的话说，“要教训中国军队”，以及“长日本军队威风”。

从那时起，中国当地政府为实行与日本和平解决进行着不懈的努力，虽然责任不在中国地方政府，但他们依然不厌其烦地接受日本的种种要求，诸如道歉、惩罚参加冲突的官员，保证类似事件不再发生，在指定的地点以治安队代替中国正规军，以及有效压制河北省内所谓的反日运动和共产党的组织。

中国政府反复提议中日同时撤军，鉴于日本坚持所谓的不干涉地方自行解决的主张，中国政府为和平利益甚至抑制了正在高涨的反对声。但是中国政府或地方当局的每一次让步和忍耐，都被日本军事当局当成软弱和恐惧的标志，继而向河北省派出更多的日本军队，旨在达到推进其征服华北的计划。

当大批援军到达后，日本军队不仅袭击并占领了天津，而且还占领了中国古都和文化中心北平，这暴露了日本政策的真实目的。在占领了这两个华北的主要城市后，他们立刻把军事行动延伸到南边的河北省和北部的察哈尔省。日本人对战略要地南口关隘及长城北边的重要城市张家口进行了激烈进攻。现在日本在华北的军队已经超过了二十万，并将其侵略继续向南方、北方和西部的内陆地区延伸。

诚如 1932 年占领满洲后入侵上海一样，为了逼迫中国政府屈服，日本再次进犯这中国的金融和经济中心。这一次又是故技重演，为了找到一个借口，日本海军当局在 8 月 9 日制造了一起事端。日本的一名海军军官和一名水兵不顾警示，企图接近位于上海郊区的中国军用机场。在遭到一名中国士兵的阻止后，冲突爆发了，两个日本人和一名中国（维和）治安部队的成员丢掉了性命。

中国当地政府立即建议通过外交渠道进行解决，然而日本海军却在四十八个小时内在上海集结了三十艘军舰，并以几千名海军陆战队员增强其海军力量。8 月 13 日，即事端发生四天后，日本海军，包括岸上的和海面上的，以公共租界为军事行动基地，向中国的江湾和闸北发起了进攻。为了保卫自己的领土和独立，如在华北一样，中国被迫以武力抵抗武力。

那些事端似乎呈现为华北和上海的军事冲突的直接原因，其实它们仅仅是日本人制造的方便借口，以便对华诉诸武装侵略。在这两个地区，对抗已经持续了几个星期，最初的事端是由日本人挑起的，此后已被他们“忘记”了。假如这些事端没有发生，他们也会制造别的事端。

一个重要的事实是，日本人一直在执行着对亚洲大陆的领土扩张的既定计划，并把使用武力尊奉为完成其政策的工具。1931 年当日军进攻并占领满洲时，日本的官方发言人努力为其行为辩护，他声称这三个中国省份构成了对其安全至关重要的生命线。当对这大片区域的军事占领完成之后，日本军方当局又认为必须夺取热河，以保护满洲的安全。他们占领热河后，华北、察哈尔、绥远又马上成为日本帝国的生命线。在确保日本战略和经济安全的名义下，日军在中国的这些区域展开了大规模的军事活动，其控制和征服的目的是显而易见的。领土扩张的欲望，才是隐藏在一切军事冒险后面的真正动力。

常有人声称，日本年均增长八十万人的人口过剩压力，促使它寻找新领土作为出路。然而，这只是一个谋取对日本同情的借口，并且迷惑了国外的公众舆论。日本控制台湾四十年，却仅仅诱导了不到二十五万的日本移民到那里定居。朝鲜被日本征服及吞并了三十年，也只有五十万的日本居民。日本为了在南满占据数量上的优势，已经努力了二十五年，但仅有三十万的日本人选择在那里生活，而且这个数字中有相当一部分是由日军、铁路警卫、南满铁路的雇员和日本领事的服务人员组成的。其实，日本每平方英里的人口密度并不比欧洲的一些国家尤其是比利时大，与中国如河北省一类的省份的人口密度也不能相比。由于日本是一个高度发达的工业化国家，日本人民自己也感到没有必要背井离乡并移民海外。

日本国内缺乏原材料以及依赖海外供给的事实，当然不能为其武力侵略爱好和平的邻国做出辩护。况且，它大部分的必需品也并非由中国供给，而是主要来自其他国家，比如棉花来自美国，石油来自美洲和荷属东印度，铁来自印度和马来亚，羊毛来自澳大利亚，而木纸浆来自加拿大和斯堪的纳维亚诸国。至于满洲的煤和大豆，前者已经处于日本的控制之下，后者则在日本武力占领之前已经在公开市场上对它开放了。

中国方面已经不止一次地表示愿意并准备与日本进行经济合作，但是中国的好意总是被日本披甲的铁拳政策挫伤。日本宁愿进行枪口下的抢劫，也不愿作为自由和平等的伙伴实行真诚的合作，这已经摧毁了两个国家间经济融洽的前景。

日本并不缺乏崇尚自由思想的政治家，他们看得很清楚，日本的未来依赖于与其他国家的和平合作，尤其是与亚洲邻国间的和平合作，然而，公众舆论和新闻界在长时间内受到主战派左右。在一系列的政治暗杀后，日本那些政治家自然感到恐惧，不敢再发表言论并以正视听。

日本再次处于主战派的掌控之下，该派迷恋于使人民处于战争心理的恐怖帝国中，以便在国内霸占政权，在国外开展领土征服。它褒扬强权，认为除了以剑为后盾外没有其他公理，它尊奉强力为国家命运的仲裁者，它赞美战争是帝国扩展的工具。它在远东的和平理想是“日本帝国统治下的和平”，它的秩序概念是卑贱地接受日本的统治。

日本在中国无休止的军事侵略会造成什么样的结果和影响呢？要回答这个问题，必须首先理解日本大陆政策的范围。回想一下，这个政策的目的不仅是对中国进行政治控制和征服，而且是在日本刺刀支配的地方排除外国的利益，并最终把欧洲和美国从它的亚洲占领区驱逐出去。

做出这样的论断不是为了令你们惊恐，但它是从日本发言人的公开宣言以及日本的秘密档案中自然得出的结论。过去西方国家在台湾和朝鲜的经验，以及现今在满洲和热河受到的待遇已经给出了充分的警告。从日军对天津和北平的占领中，欧洲和美国的利益已经感受到了威胁。假如日本也成功地控制了上海，那么欧洲和美国在那里的巨大财政和商业利益的结局是容易预见的。

很清楚，中国强有力地抵抗日本的武装侵略，不只是在努力保卫她自己的领土和主权，事实上也在维护列强们在中国的权利和利益。假如中国失败了，其原因是由于缺乏这个致力于国家间和平与安全事业的伟大机构的充分帮助，或者是缺乏在这种情况下特殊利益和一般利益都与中国一致的列强的帮助，那么日本侵略的威胁不久就会落到他们的头上，防卫的重担将不得不由他们自己承担。

现在日本仍在哀叹其国家的资源跟不上其征服的欲望，妨碍它成为亚洲霸主的野心。如果那一天到来（愿上帝不让它到来），当它能够染指中国拥有的众多的人力和自然资源时，那么它就会感到自己多么强大，可以挑战欧洲和美国在南洋、太平洋以及亚洲大陆根据条约享有的权利和领土了。历史证明，获取领土的手段增强时，领土要求的野心也会同比例地增长，正像人的消化能力增强后，人的胃口也会相应变大。

然而，日本持续侵略并不局限于对中国的领土完整和政治独立造成威胁，也不局限于伤害几个列强的物质利益。道德和精神方面的影响假如不是更重要的，也是同样意义重大。这是对国际关系间法律和秩序的一种挑战，而这种法律和秩序是国际社会为了共同的利益奋斗了三个世纪才奠立的。如果继续拖延而不及时制止，那么这种混乱将会把过去和现在对于和平和安全所做的一切努力和获得的全部成果毁于一旦，并把整个世界带进一个充满着屠杀和破坏的恐怖的全面混乱中。

面对这特别的形势，该做些什么呢？能让日本一直这样漠视国际法律和条约义务而不受到任何惩罚吗？我们把违法当作必然吗？我们准备眼睁睁地看着它无节制地伸展触须、破坏世界的和平和秩序吗？我感到，如果我们自身仍旧尊重我们签订的条约以及我们曾庄严宣布支持的盟约，我们就应该采取一些措施。

一方面，对于公然违反国际法和条约责任的这种不断武装侵略的政策，必须予以公开谴责。因为我们尊敬的主席在他简短而雄辩的发言中曾暗示，摆脱武力动乱的唯一出路在于至高无上的法律。另一方面，对中国海岸的非法封锁已危害了现行的航海权和贸易权，为抵抗历史悠久的航海自由原则开了恶例，应该明确予以否定。

此外，日本不顾平民生命的神圣性，动用飞机对中外非作战人员有预谋、不分青红皂白进行轰炸，我希望这种恐怖行径逃不过你们的眼睛，我还希望这次大会的每一种声音都能大声谴责这一行径。就像最近艾登先生发给日本政府的英国照会中表达的那样，整个文明世界有一种普遍感觉，用照会中的话来说，这种行径“既是非法的也是违反人道的”，因为轰炸没有“依敌对原则的指导来明确区分战士和非战士，而这正是国际法和人类良知所一直尊崇的”。

也许有人辩解，时局艰难，当务之急是欧洲，那儿的局势更不能令人安心。然而，今天欧洲的形势确实不得不与远东的形势联系起来，这是国联面临满洲危机时没有强化盟约责任的自然后果。和平是无法分割的；和平的持续是我们所有人的共同利益。正如美国国务卿最近陈述的，“任何武装对抗的升级或威胁的来临，都将使处于这一局势中的所有国家的权利和利益受到或可能受到侵袭”。我们自己的盟约说：“任何战争或战争威胁，不管是否直接影响国联的任何成员，都被宣告与全联盟有关。”这些宣言绝非空论，而是建立在诸多伟大政治家和外交家的实践经验基础上的。假如由日本持续的侵略造成的远东问题能够在盟约原则的实施下得到圆满的解决，那一定会对欧洲造成最有益的影响，并将为其自身问题得到同样圆满的解决铺平道路。

国联体现了一种理想并表示了国际生活的一种秩序，如果国家能感受到一种安全感并且世界将变成所有人愿意居住的地方，那么这种理想和秩序就应该予以主导地位。这才是二十年前发生的那场世界性严酷考验的真正珍贵的关键所在，而那场灾难曾吞噬了数百万人的生命，带来了几代人的痛苦，同时也留下了一大堆的问题，使世界至今未能完全恢复。

集体安全原则，奠定了盟约的基础，也是我们都接受的。它对于世界上任何有组织的和平体系，无疑是唯一合理和健全的基础。正是这同样的原则使每一个现代国家发展和平，并在自己的领域内维持秩序。假如国际生活将由和平与秩序庇护，那么只有倚赖这个原则的充分适用。

我希望大家都能认识到，为了以和平维系的私利以及对公平、人类良知的敬重，我们必须精诚合作，真诚地设计出一些方法和手段，以阻止世界上任何地区出现武力侵略和非法行为。只有在盟约和其他协议的指导下（我们是参与制定者），忠实并且共同履行我们的义务，才有希望熄灭远东的突发之火，强化太平洋和欧洲的和平。

处理地中海问题的尼翁会议尽管限制在其成员国内，能够取得迅速成功，就是一个明显的事例，它显示当有了合作的意愿时，将会是什么结果。

总之，鉴于远东局势的极端严重性，它要求国联迅速做出行动。中国政府依据盟约的第十、十一和十七条款已正式向行政院提出申请。现在是行政院做出决定的时候了，是它自己开始进行考虑并迅速做出行动，还是同时抓紧召开讨论中日冲突问题的国联大会，抑或首先将这问题提交给 1933 年 2 月 24 日国联大会建立的处置中日冲突的顾问委员会。

（张淑娟　译）

日本侵华与中国的危难[1]

1937 年 9 月 26 日

今晚，我想向大家介绍一下在日本新一轮的侵略中我国陷于悲苦的境况。在过去的十一周里，日本向中国派出三十五万人的部队、一支超过一百艘战舰的舰队和数百架作战飞机，目的是征服中国。利用这些强大的武装力量，日本在陆上、在海上、从空中进攻中国。日本非法地宣布封锁整个中国海岸线，并且日日空袭以恐吓我国国民。为了捍卫领土和独立，我国被迫奋起抵抗来自日本的肆意进攻，并且抵抗仍在继续。

我不想对大家说所谓的“事变”，也许有人认为“事变”是导致目前远东危机的直接原因。这些“事变”是无足轻重的，除了它是日本人挑起作为发动大规模对华敌对行动的方便借口。倘日本方面有和平的诚意，则任何与中国的争议都可以得到友善的解决。事实上，中国反复提议通过正常的外交渠道和平地解决这些突发事件。

① 本文是顾维钧在法国致美国听众的广播演讲。

但日本梦想着主宰世界，企图马上征服中国，抓住每一次突发事件用作武装侵犯中国的理由。假如卢沟桥事变和上海事变没有发生，日本军事当局也已经制造出其他的借口来推行其大规模领土扩张的邪恶计划了。

日本军事当局的主要目标是使日本成为东亚的军阀和太平洋的主人。这个目标的达成被视为最终实现日本所谓的主宰世界的神圣使命的关键一步。他们选择武力作为实现他们政策的工具，国际法、条约责任以及人道主义关怀这些所有爱好和平的文明的民族所赞成的东西，对他们而言毫无意义。

正是这个事实得以解释他们的行为：肆无忌惮地蓄意毁坏大专院校，攻击红十字组织和医院，残暴地轰炸不设防城镇，造成令人惊骇的伤亡和破坏。日本轰炸机所到之处，受到惊吓的妇孺的哭号，母亲绝望地搜寻孩子时的尖叫，小孩寻找父母时的号啕，这些对空中的侵略者没有产生丝毫影响。日本空军不加区别地轰炸平民的野蛮和恐怖超乎人们的想象，也使所有不情愿地目击了惨象的人心生憎恶。

冷酷残忍让日本海军总司令宣布他的炸平首都南京的计划，并且甚至要求其他国家的外交代表撤离该城。

同样的事实使得日本军阀以及文官中的追随者声称，由于所谓的对日本缺少诚挚，要“把中国打得下跪”“惩罚她”。事实则是日本正在发动一场旨在灭亡中国的战争。

如此的目无法律在现代史上是没有先例的。它如今直接针对中国，但它的影响必将是深远的。它严重地危害世界的和平和秩序并威胁到文明本身。除非所有爱好和平、遵守法律的国家联合行动，勇敢地面对并坚决地处理这一问题，否则，混乱和无序将波及全世界，并且这样的一天将迅速到来，是时没有哪个伟大的民族能够享受和平与繁荣的福音，不论她在地理上如何孤立，无论她怎样努力地远离骚乱。

目前的远东形势很像一个人的邻居家着火，除非他帮着及时灭火，否则，很难说火势不会蔓延并危及他自家的房子。

我觉得，在这危难时刻，我国对来自美国的同情与帮助有着特殊的需要。在亚洲大陆上首建民国的中国革命领袖们，从伟大的美国政治、思想家们那里得到启发，受教于精神崇高、克己献身的美国传教士们，为美国的民主制度榜样所鼓舞。成千上万的中国学生求学美国，并将美国的思想和理念带回中国。他们的深切期望是按太平洋彼岸那个伟大共和国的模式造就一个统一、强大、繁荣的中国。他们中的许多人已经成为中央政府的要员并正在将他们的理念付诸实践。

在献身于造就新中国的重任中，他们将他们的信心置于华盛顿《九国公约》提供的安全保证之上，而对于将中国武装起来抗击外来侵略的问题则关注不多。因为这个条约的第一条便规定：缔约各方同意：一、“尊重中国之主权与独立及领土与行政之完整”；二、“给予中国完全无碍之机会，以发展并维持一有力巩固之政府”。

日本侵略并占领中国的大片领土，从而迫使中国中止政治重建与经济发展之工作，已经公然违反了前引的条约款项。这不仅是对中国的侵犯，也是对美国和其他缔约国的侵犯。

美国对中国的传统政策一向是友好和乐于帮助的，正是蒲安臣代表中国和美国谈判，签订了基于平等和互惠原则的第一个条约。

正是杰出的国务卿海约翰在中国受到分裂的威胁时，劝说在华有利益的各强国采取门户开放、保持中国领土和行政完整的政策。正是伟大的美国政治家威尔逊总统联合英国及时进行干预，阻止了日本通过臭名昭著的“二十一条”对中国的奴役。也正是国务卿休斯高超的政治才能和卓越的外交手段使得我上面谈到的华盛顿《九国公约》的缔结成为可能。

这些友谊的标志已经深入中国国民的内心，并使他们怀着感激之情看待美国民众，视美国民众为自己在这个世界上最好的朋友。正是这种感受，让每一个中国人觉得他总可以向美国人开怀畅谈并敞开怀抱迎接美国人。

面对一个最残酷的敌人的残忍侵略，中国今日正为她作为独立民族的存在而战斗。中国军队用勇气和决心抗击着日本无休止的侵略，但使用的工具非常简陋，他们继续抵抗的能力和他们最终的胜利有赖于国外连续不断的补给。在中国从美国及其他国家采购与运输武器弹药道路上的任何障碍和困难只会妨碍中国、帮助日本，因为日本拥有一支强大的海军和一支庞大的商船队。

一旦中国获胜，这个有着三千年历史和文化、热爱和平和憎恶战争的国度，不仅在东亚而且在太平洋广大区域里，将成为一个保障安宁与秩序的强有力的因素。我相信，由于其地理位置以及鉴于其道德观和物质利益，美国不会对世界上这一大片区域的将来漠不关心。但如果中国被日军征服或者沦为日本控制，那么她那巨大的人力资源和丰富的自然资源储备将被用来供养日本庞大的战争机器，增强它的战争能力并最终威胁到太平洋地区的和平与美国的福利。

事实正如阿诺德·J. 汤因比教授评论远东形势时所用的直喻那

样，日本虎实现了渴望已久的一跃，现在已经选择跳过黄海，将其利爪没于中国的血肉之中。但这个现实对太平洋地区日本尚未触及的其他国家来说意味着危险而不是安慰。因为老虎一旦被允许冲破笼子，再给它设定限制就不容易了。相反，如果它被证明是吃人的，在尝过人血之后它的胃口便无法满足。

现在，考验政治才能的问题是如何阻止和扭转这一严重事变。愚见以为达成这一目标的稳妥的办法是：帮助中国赢得抵抗侵略的胜利，维护她的独立；通过与其他爱好和平的国家联合进行友好但坚定的干预，使战争力量和帝国主义者意识到他们国家在国际上的孤立、对他们日后福祉的危害和立即变更他们政策的必要性。

我们中国并不指望美国人为我们而战，也不希望看到美国被卷入目前的冲突。中国不乏她需要的作战人员。中国军人已经英勇地抵御了侵略者，并决心抵御下去。但中国确实需要道义上和物质上的援助以使其能够成功地应对目前的危机。这个胜利对她的民族生存和普世的和平事业而言是必需的。

因此，我诚挚地希望：美国民众在他们忠实的朋友——中国——陷入危难之时不遗弃她，也不漠视她的命运；而将在他们伟大的总统——他对和平及民族互谅事业的信仰与贡献已经家喻户晓——的领导下全心全意地支持她，以使法律和秩序能在国际关系中盛行，使太平洋地区今后的和平得到保障。

（邓杰　译）

日本侵略与布鲁塞尔九国会议

1937 年 11 月 3 日

我们聚会于此，旨在根据 1922 年 2 月 6 日《华盛顿公约》第七条款，就有关中国事务应遵循的原则和政策进行充分而坦率的磋商。因为一种新形势出现了，它涉及上述公约中一些条款的应用，并由此引出对这种应用进行合乎需要的讨论。

这形势是什么呢？那正是作为《华盛顿公约》签字国之一的日本对我国发动的武装侵略，这违反了该公约的第一条款。该条款规定除了中国之外，所有签字国也都应同意：

一、尊重中国之主权与独立，及领土与行政之完整；

二、给予中国完全无碍之机会，以发展并维持一有力巩固之政府；

三、施用各种之权势，以期切实设立并维持各国在中国全境之商务实业机会均等之原则；以及

四、不得因中国状况，乘机营谋特别权利，而减少友邦人民之

权利，并不得奖许有害友邦安全之举动。

与日本这次武力侵略相关的事实已经得到来自二十三个国家代表们的调查，他们意见一致的报告已得到世界五十一个国家的赞同。既然这些事实现在已为公众所知，我亦无须在此赘述了。

只需提醒你们报告的结论就足够了。毋庸置疑，强大的日本军队已经入侵了中国领土，并对包括北平在内的广大地区实行军事占领；日本政府已经动用海军封锁中国的海岸，禁止中国航船出入；日本飞机正在对中国广阔而分散的区域进行轰炸。近四个月来，日本强大的战争机器通过陆地、海洋与空中，重重施压于无辜且热爱和平的中国。在过去的四个星期里，这种残忍的侵略进一步加大强度，以求控制和征服我国。日本在华北的军事占领实际上已经覆盖了三个省：河北、察哈尔和绥远，包括人口3000万，铁路里程3163公里，总面积超过70万平方公里，大概相当于英、德的面积总和。他们还占领了山东、山西两省的部分地区，包括总人口4500万，铁路里程1728公里，合计面积达31.4万平方公里，大小相当于意大利。他们已经进入上海的闸北和江湾，中国守军抗击了日本现代化机械部队最令人生畏的进攻，在英勇阻击77天后撤退了。五路强大的日军总计超过50万人，在五个战场继续攻击中国防线，其目的是以速战速决来影响，或许震慑本次大会。

为了同样目的，日本海军除了加紧扼制通向中国几千公里海岸线的主要通道外，还一直袭击华中和华南的主要港口，并试图使海军陆战队登陆。

日本空军激增其屠杀能力。它不仅在一次战斗中集中一百余架飞机攻击上海的中国守军，而且对全世界的谴责声充耳不闻，它加强对非武装的平民的杀戮而不顾国际法则和历史悠久的人性原则。据10月14日日本海军部最近的声明，仅仅日本海军飞机就轰炸了八个省中的六十二个城镇。诸如南京、广州、汕头和太原等分布广泛的城市，几乎每天都会受到空袭，有时频率达到每天三至十五次。一星期前，在对江苏松江这个不设防、无保护城市的一次空袭中，日本的空中轰炸屠杀了近一千名平民，其中一大部分是无助的妇女和儿童。文明世界从未见过这样残忍的战争手段和对天赋人权如此的全然漠视。

根据远东过去几年的历史，目前日本武装侵略的爆发显然是其亚洲大陆领土扩张政策的继续。这一点在1931年它所有罪恶昭彰的劣迹中就已经暴露出来了，当时它对奉天发动了袭击，随后又军事占领了满洲和热河。

满洲傀儡政权是关东军扶持起来的，大批日本顾问充斥着所有的关键职位，它的建立只是领土征服的一种掩饰。对中国长城以内省份的侵犯，1933年对察哈尔东部的占领，1935年日本强制性要求从河北省撤除地方长官和其他高级官员，撤走中央政府派驻的军队，驱逐国民党工作人员。同年12月在日军卫队的帮助和保护下，创建所谓的“冀东自治防共政府”，对察哈尔北部的军事占领，以及在过去两年中，日本军方的代理人企图建立“华北五省自治政府”，所有这些行为和活动都违背了国际法则和日本应负的条约义务，赤裸裸地表现出它对中国的邪恶图谋，而它却声称是与中国和平相处的。

在华北，日军当局培植并促进大规模的走私活动，其目的有二：一是为继续他们在华北的政治阴谋提供资金，二是从财政上打击中国南京政府。这是日本瓦解中国在华北的行政权完整以及巩固其掌控该地区的又一手段。日本军方抓住每一个走私的机会，而中国机构则意图健全打击走私者的海关规则，以就迫使日方首先放弃，然后停止巡查并防止对中国财政法的侵害。

受在华的日本军方的鼓励，日本浪人在中国领土上从事麻醉药品和镇静剂的非法交易，这是日本对中国真实企图的另一个证明。在华北、满洲和热河，这是一个公开的秘密，也为国联鸦片和毒品顾问委员会熟知。这是一个经过慎重考虑的政策，旨在使中国人民堕落，精神萎靡，以致无力抗击侵略者。

1936 年冬，日本唆使一伙蒙古人发动叛乱并攻击绥远省。日军派驻上海武寤北将军发表于 1936 年 11 月 23 日《纽约时报》的一篇回顾文章中，坦然承认确有此事。一星期前，日本军部在绥远省的归化建立了所谓的“蒙古国”，成为其新傀儡，为他们在内蒙古的阴谋抹上了最后一笔。

在过去两年中，关东军不顾中国政府的抗议，在华北十个战略要地驻扎了新谓的特殊服务机构。日本华北驻军采取了同样的举动，在华北五个省份的八个重要中心地维持了相同的机构。在过去四年中，日本军用飞机不顾中国政府的屡次抗议，频繁飞临中国上空。

日本不惜背弃国际道德，违反条约义务，一直进行着非法活动。这些活动中的任何一项都构成对中国主权、独立及领土和行政权完整的侵犯，而这些都是日本在华盛顿《九国公约》中郑重承诺尊重的。与“给予中国完全无碍之机会，以发展并维持一有力巩固之政府”恰恰相反，日本通过上述我列举的种种行为，寻求破坏或剥夺中国的这种机会。凡是日本侵略军留驻的地方，他们均试图废除和破坏所有国家工商业机会均等的原则，满洲和热河的事实已经清楚地证明了这一点。日本在中国反复制造出种种困窘局势，目的是为它的国民索取特别权利，损害其他友好国家臣民或公民的权利。

日本过去几年在中国的所作所为已违反了它对1922年2月6日《九国公约》所应承担的义务，此点已为由五十一个国家构成的正义法庭所确认。因此，我并不提请你们来确认，也没有必要这么做。

中国代表团对日本拒绝参加这次会议感到遗憾。假如日本有理由并有良知，它就不会担心得不到各国公正的倾听，它的拒绝只能再次证明它对应尽义务的漠视。因为根据《九国公约》第七条款，参与本次磋商既是一种权利，也是一种责任。

然而我意识到，日本虽然没有出席会议，但在其两次辩解侵华政策合理性的意图中，我们已经了解了它的观点，一是它对受邀出席会议的答复，二是它对本会议的最近的官方声明。它已经提出一定的理由和解释，企图影响那些不了解情况的国家。

日本为其对华武力侵略辩护最常用的理由之一是我国的反日情绪。我承认，反日情绪在过去六年中存在并且今天仍然存在，但这不是针对作为一个国家的日本，而是针对其公然的侵华行为，或者公开为此所做的准备。正如中国政府在许多场合强调，所谓的反日情绪只是日本对华政策的一个自然结果。中国人民对日本人民并没有心存恶意，但强烈反对日本的武力威胁政策，该政策也违反巴黎的《凯洛格—白里安公约》。中国仇恨情绪的起因事实上就在日本手上，源自其所作所为。世界上任何自尊的民族，如果处于中国人的地位，就不会有如中国人对日本的那样感情吗？日本一再有意使用阴谋或武力侵犯中国主权，破坏中国的政治统一，肢解中国领土，杀害中国人民，损毁中国独立，试问日本又如何能期望中国的亲善与信任？两国关系中真正让人感到奇怪的不是中国的反日情绪，而是中国政府和人民仍愿意对日本保持宽宏的温和、克制与和解的态度。

东京发出的官方的善意声明是无力说服世界人民的，如果它们不是建立在事实的基础上。因为国际关系就像人际关系一样，行动远比言辞更雄辩。

提到这一点，我们会想起 1931 年至 1932 年日本入侵满洲时，日本政府曾力图证明其侵略政策的合法性。它争辩说，中国没有稳定有效的政府，因此需要日本承担起维持东亚秩序和安定的任务。现在，当中国已经建立起一个最为稳定的政府，其权威也已得到全国范围的承认时，“负责任”的日本领导们公开宣称，他们坚持要现在的中国政府垮台、消失，它再次公然表示的理由仍是保障东亚的安定和秩序。面对这么明显的矛盾，中国政府怎能相信日本对中国意图清白的声明呢？

我想在这里说，中国并不把世界看成一个因政治意识形态敌对而分裂的阵营。中国相信，每个国家都有自由和权利选取一个自认为最适合自己人民的政治制度。我们认为，每个国家都有权利决定自己的命运。政治意识形态问题首先是各民族的自决权利，正如中国承认其他国家有这个权利一样，她宣告自己拥有同样的权利。这是每个独立国家的天赋权利，日本根本无权干预中国的内部事务。

日本还宣称，中国政府多年来一直在进行针对日本的军国主义宣传，同时通过进口大批军需品，构筑防御工事，对军队进行高强度的训练，已经成功建了强大的军事力量。日本声称它对中国的侵略是“面对中国的挑战而做的自我防卫措施”。然而，日本拥有世界上最强大的战争机器，有最新式装备的强大的海陆空军队，是全世界为数不多的几个军事强国之一，日本所抱怨的中国军力与其相差甚远，并且她的弱小在日本对中国持续不断的侵略中更显其不合理性。鉴于日本用它庞大的战争机器给中国几十个不设防及和平的城市、数千名无辜的中国人民曾经并且还在造成的悲惨后果，日本的抱怨是非常滑稽的。

今天中国的遗憾是，近几年来重整军备尚不够迅速、广泛，从而无法更有效地抗击日本侵略，减少残忍的日军强加给中国人民的痛苦代价。

在日本有意公开对中国的敌意之前，中国从未给日本任何挑衅。中国的军队从未侵略过日本的一寸领土，中国空军也没有轰炸过日本一个城镇。中国从不希望与日本发生战争，今天坚定而勇敢地不息战斗只是抵抗日本侵略军无休止的杀戮。那些宣称日本一直在进行自卫的日本人，要么露出了他们自己津津乐道的“令人遗憾的缺乏真诚”的真面目，要么把所有其他的民族都当成傻瓜。当一个暴力入室的盗贼试图谋杀屋主，而主人奋力抵抗入侵者的时候，稍有常识的人都不会把那个盗贼的行为看作自卫。

日本政府声称，对于西方来说，远东形式太过复杂、不易了解，并抱怨各国对日本帝国的意图缺乏理解。请允许我指出，在远东唯一难以理解的一点是日本一直持续不断地对华侵略，这不仅违背了它自己的誓约，与它自身的真正利益也是对立的。

我知道日本不乏有远见的政治家，他们谴责以战争对付和平邻国的政策，况且它曾经从这个邻国借鉴了太多的文明和文化。但是这些开明人士无力抵抗军人阶层对日本政府的控制。

日本通常抱怨中国缺乏一个所谓稳定而有效的政府，然而它自己毫无信义可言。它第一天用政府的行政机构给出和平意图的保证，而在第二天（如果不是立即的话）其军事当局的行动就背叛了承诺。中国对于这种没完没了的“二重外交”已经有了痛苦的经验。日本政治家本身已公开对此有所指摘，日本政府同样没有能力克服这一点。

根据不久前我就曾提到过的关东军和日本华北驻军的特殊举动，西方各国还不能充分理解日本的意图不令人奇怪吗？事实上，所有热爱法律与秩序、尊重和平与安全的第三国国民都不能理解的，是日本针对中国的这种有组织的无法无天的暴行和侵略。

日本还声称，它的意图是寻求与中国的合作。如果那真是目的，它当然正在采取一个最特别的方法来实现它。一个有理性的人要使邻居成为他的朋友，绝不会一开始就掴他的脸，“揍他迫使其屈服”或企图谋害他。

中国明白，日本是一个高度工业化的国家。它面临许多困难，其经济的良性发展依赖市场的合理保障以及国外的原材料。但是经济合作要取得成功，必须通过和平手段与友好协商。就像尊敬的美国代表刚刚讲过的，自由与平等的伙伴间的合作必须建立在互惠的基础上。过去曾有一些时机，中国在努力进行经济重建与发展的过程中，也曾寻求与日本和其他国家的这种合作，然而日本居支配地位的和暴力的政策常阻碍了这种合作的实现。中国在华北亲身体验了日本军阀们持续的横行霸道和无理挑衅，再看看所谓的日朝合作下朝鲜的命运，中国对日本声称的意图有所警惕不是很自然的吗？

正像近卫文麿在就任首相前讲过的，“要想让中国接受，日本的建议必须对中国具有明显的好处。对中国的政策，日本必须有一个统一的公众舆论，对中国民众恢复活力的奋斗给予有效援助”。只要日本妄想通过魔幻般的词“合作”来奴役中国，只要它继续通过黩武的手段在中国攻击、杀戮和毁坏，两国之间就不可能有真正合作的前景。在日本的字典里，“合作”一词显然只意味着高压手段下对日本意志的服从。

我们认为，其他一些强国在中国的示范值得日本效仿。中国与这些国家的关系在过去也并不总是融洽的。他们以前的经济合作方式带有剥削的性质，因此也并不总能受到欢迎。但是自从他们采用自由、坦诚和互利互惠的友好合作政策后，所有的困难都迎刃而解了。现在他们与中国的关系充满了友善与信任，而他们与中国合作范围的不断扩大，程度不断加深，这给双方带来了不断增长的利益，也充分证明了他们新政策的正确性。只有日本还死守着过时的观念，要给政治控制的外表戴上一个经济开发的面具。除非日本撤换这套残忍而陈旧的政策，代之以平等与互惠基础上的新政策，也只有到这时候，两国间才可能有真正的经济合作。要想被中国完全接受，这种合作应与门户开放政策的精神保持一致，必须把其他国家包含在内，而不单单为日本所独享。

日本政府对一些地方性协议提出的解释，明显是为了歪曲事实真相、迷惑公众视听而设计的。这些地方性协议是以前为了消除日军本身挑起的一些事端而制定的。

日本还宣称，目前中日两国的争端只能由两国直接磋商解决。在我们看来，这种声明忽略了一个重要的事实：许多国家人民的生命和他们的物质利益已经受到侵害。此外，还存在着一种广泛的利益，那就是所有国家在国际关系方面都拥有法律和秩序的支持，以及在国家之间都得到和平和安全的保障。在这里我无须刻意展开这一观点的阐述。因为目前的局势，不仅对于冲突的两国，而且或多或少对于所有的国家，都是值得关注的，这一结论已获得五十一个国家郑重承认。这次会议得以召集并还在进行，这事实证明了条约的其他签署国是意见一致的。

中国也完全持有这一观点，因此出席本次会议的各国，不仅是那些在远东有重大利益的国家，而且还有那些在本地区仅有间接利益的国家。

目前远东主要的事实是日本公然违反了它曾经庄严签署并宣誓尊重的 1922 年 2 月 6 日《九国公约》的条款。中国的主权、独立和领土及行政完整已经并仍在因日本一次又一次的侵略而遭受着威胁，并且，中国的“完全无碍之机会，以发展并维持一有力巩固之政府”，也由于日本的干涉和侵略政策而失去。然而，这不仅是对中国的侵犯，而且构成了对所有其他签字国的侵犯。日本曾在公约下宣誓，一定按照公约的规定履行其义务，这不仅是对中国的誓言，而且是对所有其他签字国的誓言。

中国忠于自己的誓言，而且为了让日本尊重公约一直在尽自己的最大努力。在过去的四个月里，她一直抗击着具有压倒性优势的入侵日军，付出了人民的生命和鲜血，以及主权、独立、领土及行政权完整等巨额代价。事实上，她的抵抗不仅保卫了各国在中国的物质利益，而且也捍卫了公约的神圣原则。

中国的抵抗一直面临着各种各样的严峻困难，然而却受着大无畏精神和坚定意志的鼓舞。面对日军最猛烈的进攻，中国士兵表现英勇，我想，即使根据世界上评判英勇军队的最苛刻的标准，也找不到批评中国士兵的理由。中国用有限的资源与兵力一直在力图保卫公约，我不相信出席这次大会的各国，作为公约的成员，会拒绝为捍卫公约职责的神圣原则尽自己的一份力量，要知道这神圣原则构成了世界和平的必要基础。相反，我认为，中国完全相信你们对公约条款的忠诚与奉献，正是公约赋予我们开会的权利；也完全相信你们愿意尽最大努力使信守誓言的原则在国际关系中盛行。这样的一种努力，既为中国提供了充分的公正性，也为文明本身的广泛利益尽了责。

这次会议上，几个大国的代表已经表达了他们的真诚愿望，要努力结束现行于中日两国之间的敌对行动，通过签订条约恢复和平。中国作为一个历来热爱和平的国家，非常欢迎这种善意的姿态。过去几年中，即使面临日本最猖狂的武力侵略，中国政府也一直在追求和平的政策。即使在日本首先展开敌对行动的痛苦日子里，中国也一直坚持和平政策，中国政府一直进行的战斗只是抵抗日本侵略。我们渴望和平，但是我们知道，在日本的侵略下我们得不到和平。只要侵略继续，我们就决心坚持抵抗。这不是一个不惜代价的和平，只要给予中国公正，或者给予文明诚信，这仅仅是接受一个以华盛顿《九国公约》第一条款的原则为基础的和平，正是在此基础上我们在这里集会。而中国，鉴于其在过去几个月内的巨大牺牲，亦将为捍卫国际关系间法律与秩序的事业做出贡献。

知晓你们将为公约的神圣原则做出贡献，今天上午尊敬的法、英、美国的代表已经对此做出了掷地有声的确认，我希望能使你们确信我国政府将全心全意地予以合作。我们更愿意给予你们这样的保证，因为我们相信，如果猖狂的日军侵略在远东没有得到有效的阻止以及誓词的信用没有得到恢复的话，那么任何危险都存在，日军将蹂躏中国的边界，世界也会陷入一场大战，从长远来看，所有重要大国都不可能幸免于外。正如罗斯福总统在最近一次伟大演说中十分真诚的说法一样，“热爱和平的国家必须一致努力，以对抗违反条约、忽视人类本性的国家，现在他们正在制造世界的混乱和不稳定的态势，任何国家都不能靠简单的孤立或中立得以逃离”。正是为了国家间和平与安全的总体事业的利益，也正是为了给中国赢得正义，我们希望你们的努力获得成功，同时也准备为达到目标贡献我们的全部力量。

（张淑娟　译）

大学生活漫谈[①]

1938 年 6 月 11 日

能从公务和紧迫的外交事务中脱身，在麦克詹尼特学校安宁的氛围中与大家短暂相聚，对我而言，是一个愉快的变化，这应感谢你们杰出的校长的盛情邀请。他刚才对我的夸赞言过其实了，他给了我今早向大家致辞的机会，我深表感谢。

毕业典礼在校历上是一个重大的事件。对教员和管理人员而言，它标志着又一年辛勤工作的圆满完成，同时使他们对所在学府的传统和荣誉做出进一步的奉献。对毕业班的同学来说，这是一个值得纪念的喜庆的日子，它意味着他们在为将来的服务和成就而准备的道路上，到达了又一个里程碑。对学校的其他学生来说，它提供了更多的鼓舞和更新的希望——有朝一日跻身该校毕业生之列，靠近他们雄心勃勃所要达到的目标。

① 本文是顾维钧在法国麦克詹尼特学校发表的演讲。

我不想自以为是地向你们提供任何特别的忠告或建议。但我们相聚的目的和这个环境的特性使我想起我年轻时在中国和美国各个学府度过的时光。我承认，哪怕是现在，我都对离别她们感到略带愉快的遗憾。如果我能再度那段时光，根据后来的经历，我会比以前更清楚知道怎样支配我的在校时间，以求最完美的效益。

我深信，在学校和大学学习、训练、准备的这段时间无疑是人的一生中最珍贵和最愉快的。它之所以是最愉快的，是因为知识和智慧可以通过提问获得，一个人没有顾虑和责任的拖累，就可以将所有的时间用于求知。教师们和教授们都乐于帮忙并随时准备帮忙，而图书馆和实验室近在咫尺。当然，例外的情况是有的，诸如学生迫于贫困去工作以支付学费。但无论在哪儿，大多数学生都有幸让其家庭负担学费。

一个人离开学校或大学开始忙碌的职业之后，他学习和思考的机会不可避免地减少。职务要求和例行公事占去了大量时间。甚至教师和教授这些留在教育机构追求他们的专业的人都感到课务负担沉重，不能如他们所希望的那样自由自在地进行专业上的研究和调查。学生时代实在是一生中最幸福的。

然而我认为，这段时间也是最为重要的，因为一生的成败——不光指日后的成就和服务，而且指作为个体的成败——在很大程度上取决于他如何运用形成其性格的那段岁月。这个时期通常是男孩、女孩们日后生活的基础。

还有一点，其重要性常为青年学生所忽视。要真正能够从某一学科的学习中受益，则需将此学科研究透彻，必须消化基本知识并领会其中的原理。死记硬背可能使某个聪明的学生通过考试，但那样得来的知识并不牢靠。他很快会忘记这些知识，对其所学大概仅留下一个模糊的印象。死记硬背的学生甚至还会生活在危险的错觉之中，以为自己已经学会了某一学科，然而事实上他对该学科只获得一个草率的、残缺的、通常是不准确的了解。这个错觉可能导致他日后生活的失败，就像一个在黑暗中轻率向前冲的人，跑进一条死胡同，趋向鼻子撞墙的危险，却还以为自己进入了一条通途。

伟大的中国圣贤孔子说过："知之为知之，不知为不知，是知也。"只有通过勤学苦练，一个人才能熟知一门学科，与此同时明白自己未知领域的边界。只有到基本知识被彻底消化、相关原理被完全领会之时，他才能够学以致用，宛如随心所欲地打开龙头，为我所用，明智地避免去拧明知没水的龙头。透彻是学习中应该始终追求的一种品质。

然而，在学校和大学学习的机会不限于书本和教室。在任何一个教育机构，不管在何班级和年级，都有课外活动，同学尽最大可能参与这些活动是有好处的。举例来说，运动不仅增强体质，而且有益于灌输团队合作与公平竞争的精神，这些在日后生活中至为重要。辩论赛和演说比赛有利于发展在公共场合说话的能力，这在现代社会已经不可或缺。做班干部则提高自尊自爱感以及对别人负责的精神。大作家和名记者发迹于大学校园报刊的卑微经历。即便从事戏剧也是一项有用的消遣，因为戏剧导向对文学和音乐的更好的欣赏，很多当代政治家都是出了名的戏剧爱好者。学校和大学里这样那样的活动完善着学生的教育，使之更加均衡、更加干练。

回首自己的求学时光，如果可以再来一遍，我肯定会说：应该记住的三点是努力学习、理解透彻和搞好学生活动。我本人已经没有机会再经历一次学校生活，以验证我亲身体验来的这些规则了，但今天的学生仍然有此机会。事实上，他们不仅有更好的教育机会，还有完整的前程。今天的青年是明天的领袖，到他们起来担当领导责任时，世界将很快属于他们。

环顾今天的世界，我们不能不悲叹这个事实：国际领域的不法行为和暴力那么多，对国际法、道德规范和条约责任的漠视那么多，对权力和征服的贪欲那么多，而对人类自由与和平公利的尊重却如此之少。这种状况令人不满，如果分析其深层原因，我们将发现，在一些国家里，当代人的教育是极端错误的。如果不是一些国家致力于反复灌输对战争的膜拜和对暴力的崇拜，今天的世界就不会面对无情的遍布国际的侵略和无尽的对和平的威胁。

当今世界的混乱局面清楚地说明：如果我们指望一个更好的将来，是时法制昌明，大小民族均得安全，那么我们必须给当今青年的教育以最大的关心。如果这一看法正确——我相信是正确的——那么很显然，像麦克詹尼特学校这样的学府，其作用无论怎样评价都不会过高。来自六个国家的男女孩子们聚到一起、相互结交，在一个学校里，在一个教室里，在田径场上，或者在学生食堂里，这肯定有益于增进他们相互之间的理解和宽容。在这样一个世界性的学府里学习、爱与被爱、尊重与被尊重，定能使他们在长大以后用更宽的视野看待国际问题并试图理解其他民族的观点。是友谊与善意，而不是仇恨和敌意，将植根于他们的思想。

我确信，这对麦克詹尼特这样的学府来说尤为正确。这所学府居自由诞生地之中心，为民主传统所围绕，由自由之邦的儿女们来管理。因此，在结束今天的讲话之时，我衷心祝愿麦克詹尼特学校获得成功并繁荣昌盛。

（邓杰　译）

中国抗战四周年纪念演讲[①]

1941 年 7 月 7 日

我很高兴今晚在这里和你们一起参加每一个中国人都全心全意关注的抗战事业的纪念会。我刚到伦敦不久就欣逢这个机会，也许应归功于日期的巧合，但实际上还是多亏中国抗战协会的盛情邀请，我对其表示感激。

众所周知，我来到伦敦在圣·詹姆士宫廷代表我的政府。事实上我曾经有幸在这里作为中国的外交代表，这也使我对当前使命颇感愉快和喜悦。我感到自豪的是在贵国的任何地方都可以把很多人视为我的朋友，也很高兴认识我初次遇见的那些人。

我的前任郭泰祺博士已被召回中国，在重庆主持外交部。你们可能都认识他本人，他留下了对任何继任者都可以模仿的令人羡慕的业绩，我将继续努力开展他驻守伦敦期间所做的出色工作，也即进一步加强我们两国间的友好关系。然而，令我的思想感到慰藉的

① 本文是顾维钧在英国伦敦的中国抗战协会会议上发表的演讲。

是贵国到处充满着对中国友好和同情的气氛，这将对我执行任务有很大的帮助。中国抗战协会独自安排了这次有意义的会议，并曾采取其他多种方式来唤起对中国的关心及呼吁，对中国抗战事业的支持，这正是我刚才谈到的那种特有的友好感情。当然我知道还有其他杰出的英国公民团体正在其他领域帮助我的祖国。我要借此机会对中国抗战协会和其他类似英国团体为中国所做的有价值的工作表示深深的感激，我也借此代表全中国人民表示他们的感激之情。

今天标志着中国抗日战争第五周年的开始，而全中国人民今天都在缅怀为中国抗战事业做出牺牲的那些英烈们。为了先烈的血没有白流，中国人民比从前更加坚定地继续奋斗直到夺取最后的胜利。为了这一共同的目标，他们对未来充满了希望和自信。

尽管听起来很荒谬，然而真实情况是中国军队今天确实更强大，装备更良好，对敌作战更有效率。四年的战斗提高了中国军队的作战技巧，这在相当程度上弥补了其装备和武器的不足。这也是日军经过多月的认真准备后在去年和今年先后发起的对中国军队的所谓春季攻势大失败的原因之一。

在后方，中国国民的士气是完美无缺的。四年难以估计的牺牲和苦难非但没有动摇他们获取最终胜利的信心，相反还更加坚定了他们把最后一个侵略者驱逐出中国土地的决心。本着这一共同目标，他们帮助政府建立新的军事工业，扩大旧的军事设施；协助政府开发自然资源和解决其他战时经济问题；建成许多新公路，改善了交通运输设施。抗战与重建的双重计划已被投入实施。

简言之，通过政府与人民的密切合作，举国一致努力，我们已经使侵略者陷于停顿状态。在过去的十二个月里，日本失去的阵地远大于它得到的阵地，尽管它凭借优越的武器不断地努力向前推进。这场侵略战争对日本来说已经陷入僵局，因为它的一百万军队都在华陷入泥沼。

中国人民的血泪不仅使国家免于毁灭，而且给整个世界的自由事业做出了卓越的贡献。假如中国放下武器投降，这个位于远东的岛屿帝国的庞大战争机器也许早已转向欧美国家在远东富庶的领地，日本对这些领地一直虎视眈眈。当然，这不是说日本在东西伯利亚和南太平洋的野心已被永久地阻止，它将来就不会在适当的时机“浑水摸鱼”，并利用别人的苦难牟取一己之利；实际上这意味着日本在那些地区会采取任何冒险，但我们会发现它为非作歹的能力将因中国持久的抵抗而被一直限制在亚洲大陆。

虽然中国有理由为其抗战贡献骄傲，但中国也对那些友好国家为其提供的支持和同情表示感谢。英国、美国和苏联的援助一直是特别显著的。无论提供给中国的援助的性质和程度若何，也尽管中国一直期望援助的数量能更令人印象深刻，但对这些援助我们还是深怀感激。你们的支持一直是全中华民族的勇气之源，并有助于减轻中国人民英勇地反抗侵略所遭受的苦难和牺牲的压力。

这些援助对鼓舞中国人民的士气尤其效果确凿。众所周知，中国一直是以互助为基础的集体安全原则的坚定拥护者。在历次国际会议上，中国代表总是在所有适宜的场合支持该集体安全原则。中国一直相信并且今天比以往更加坚信和平与安全的国际秩序只能建立在这一原则基础上。关于这一点，我对你们杰出的会长罗德·塞西尔平生以来为国际合作事业所做的不懈努力，义不容辞地表达中华民族的感激与敬意。如果有更多重要的国际家庭成员在过去十年能为此项事业提供更大的支持，那么今天的国际形势可能就大不一样，而我们大家正经历的苦难也许就是多余的。

但我没有打算占用你们的时间来为过去而遗憾。我们极其重要的是关注现在。不但日本没有放弃它对远东的奴役和征服的战争，中国还在被迫继续抵抗，而且这个战争恶魔也已把其枪口指向欧洲，并且现在正横行无忌。

作为自由摇篮的英国已被迫拿起武器，不仅保卫其本土岛屿和广阔的殖民地，而且捍卫自由事业。诚如其传统，英国过去和现在都在证明她进行这场战争的坚韧意志，这激励着世界上所有热爱自由的人民。当一个个国家屈服于残暴的日本军队的猛攻时，英国与远东的中国一样，怀着对最后胜利的坚定信心继续战斗。我刚到伦敦不久，英国政府的坚定决心、英国人民的高昂士气，以及广大的殖民帝国与宗主国联结在一起，旨在密切合作以赢得这场战争的团结一致，早已令我深受感染。

就在两周前，另一个爱好和平的国家遭到猛烈的袭击。一场规模史无前例的大战已经开始，其后果不仅对整个欧洲的命运，而且对东亚的未来，都将产生重大影响。我不必说我杰出的同事苏联大使，他的出席令我们都很荣耀，中国人民也借此寄予同情。我们总是感激地记起他的国家在过去四年里对中国提供的有价值的援助。我谨借此机会向进行英勇抵抗的苏联人民致以崇高的敬意。

大西洋彼岸的伟大的美利坚共和国，由于其总统的远见卓识和英勇领导，已使美国奉献为民主的堡垒和兵工厂。我确信这一事实无论是在亚洲还是欧洲，最终都将证明是抵抗侵略的决定因素。所以，人们欣喜地注意到，所有的努力正被用来加强生产，用来加速援助那些在不同战线，但为了共同的自由事业而战斗的国家。显然，这种援助越全面、越及时，赢得最终胜利的速度也越快。

这四大强国连同其他爱好自由的国家，事实上构成了抵抗侵略的世界范围的阵营，以及捍卫自由的坚固堡垒。无论是否联盟，一国的胜利或失败都将对其他国家军事的安全与成功产生直接的和深远的影响。他们的命运在很多方面是联系在一起的，彼此不可分割。我相信这些国家彼此间合作得越是密切，他们的最终胜利就越提前，并且越有把握。

尽管欧洲战事激烈，远东战线的重要性在于它关系到抵制侵略的总体战略。可以说中国一直坚守东方战线，并在过去四年里付出难以言喻的牺牲。中国已宣誓继续抵抗侵略，并将实现这一诺言，不管其人民付出多大牺牲。为了捍卫共同的事业，中国无论是在过去还是将来都将一如既往地在合作方面做出自己的贡献。

最近，由于欧洲局势严重，似乎有种倾向，或许只是一种试图，即与远东的侵略者妥协，就像欧洲大战爆发前后的数月内对意大利的处置一样。我只是担心将来会像过去一样，对寡廉鲜耻者的姑息只会对他们有利，并最终恶化局势。以坚定的意愿和行动支持远东战线，抱着对贪婪凶残的侵略者的必胜信念，阻止他们犯更大的罪行。我不认为自由的卫士会在原则问题上妥协，相反我宁愿相信他们在捍卫共同的事业上都充满了合作的精神。中国方面因此满怀信心地希望获得更大的援助，以与远东战线的重要性和实际需要相称。通过我们共同的目标和一致的努力，自由事业将迟早在亚洲和欧洲获得胜利。

（马建标　译）

孔子展览会开幕式上的演讲[①]

1943 年 7 月 13 日

我现在应邀主持孔子生平和传奇的展览会开幕式，这是一项令人愉快的任务。我们当感谢耶茨教授，他的学术兴趣和辛苦努力使得中国这位最伟大圣贤的饶有趣味的生活图景的集藏能够展现在你们面前。有本名为《孔子传》的书也是他写的，对于那些不熟悉孔子的人，该书可以作为解释性的参考书。我确信你们都希望我对他的成功表示祝贺，展厅的如此丰富多彩彰显了他的种种努力。

我知道主持这次展览的开幕式不是一件轻松的任务，坦白地说，在主持此次开幕式的过程中，这位中华文明最著名的贡献者和代表者的名望和往事，令我升起崇敬之情。也许对于儒教是否属于宗教还存有争议，但有一个事实不容否认，即孔子是中国历史上最伟大的思想家和精神导师。他对中华民族的制度和思想的影响在中国历史上是独一无二的。他关于规范不同人类关系的行为准则迄今还影

① 本文是顾维钧在英国伦敦中国协会发表的演讲。

响着中国人的思想观念。比如，忠于君主、孝敬父母和夫妻互敬的三大纲领（三纲）为数世纪以来国家和家庭的稳定打下了坚实的基础。除这些原则之外，孔子还强调朋友之间兄弟般的友爱和善意，而且我们每一个中国人还遵守五个行为准则（五常）。

孔子著名的格言是“己所不欲，勿施于人”，这是他的又一个重要的教诲。反言之，它与那句基督箴言“己所欲，施于人”并没有多大不同。孔子时代所谓大同世界的观念当然是很原始的、不成熟的，如果与我们今天的观念相比的话。不过孔子意识到这一点。孔子宣称“四海之内皆兄弟”，这显示了他的思想深度和精神实质，而且他认为这对于维护世界的和平与协调是必要的。

简言之，中国最伟大的圣人孔子的这些教诲是充满理性和人性的，简单到足以让每个人都能理解，容易到所有人都能实行。或许就是这个原因，孔子对中国人的影响一直持续到今天，并在中国人的思想里保持着支配地位。孔子去世后的大约两千五百年以来，有些人几次企图毁谤他的名誉，贬低他的作品。但这些企图从未得逞多久，最后他们反而每次都进一步宣扬了孔子权威的思想和杰出的想法。中国目前的“新生活运动”进一步证明了孔子思想准则的永久胜利。今日中国，一方面沿着现代化道路稳步前进，一方面仍然牢牢坚持孔子倡导的伟大行为准则体系。在当前抵抗侵略和后方重建的暴风骤雨中，孔子思想教义是中国和中国人民在狂暴的大海里的坚固靠山。

人们可以无限制地谈论孔子的生平及其作品的意义。但我希望上述短短的评论能引起你们对此次展览的兴趣，加深你们理解这次展览的意义。因为在我看来，了解孔子的某些生平和作品，是了解中国和中国人民的最好方式之一。

就中国协会主席霍恩，以及我本人的官方职位而言，我都对这次展览表示欢迎。该协会的一个公开目的就是举办展览，不过今天是他们首次实现该目的。此次展览也有助于推进对中国艺术和考古学的研究。自从伦敦大学中国协会1932年在考陶尔德学院设立讲座以来，该学院一直成功地进行着这方面的研究。我得知这是欧洲唯一的有关中国艺术和考古的讲座。该讲座的任务就是促进贵国与我的祖国之间的文化交往，其工作的价值无可估量，我也希望该项工作能长期进行下去。

我的讲话到此结束，我高兴地宣布本次展览开幕，并祝愿此次展览取得圆满成功。

（马建标　译）

旧金山会议闭幕式上的演讲

1945 年 6 月 26 日

联合国国际组织会议完成了制定宪章这一至关重要的使命。我相信，这个文件之于国际正义与和平的贡献将与《大宪章》以及美国宪法之于政治自由和代议制政府的贡献等量齐辉，它将证明自身是一部具有划时代意义的文献。当我们回顾为了这伟大的任务而度过的八个星期时，我们不能不怀着更强烈的赞赏之情去追忆那些全面的讨论、一丝不苟的辩论、技术委员会的辛勤劳动，以及调解的精神，所有这些因素有助于将宪章制定成一部具有高度理想和实践智慧的文献。尽管没有一个代表团会发现宪章涵括了他们所有的诉求，但我确信，他们将赞同宪章包含的基本特征，一个旨在推进国际正义、和平和繁荣的世界组织应具有的特征。然而，没有全体与会代表团的卓越贡献，我们就不能取得这一辉煌的成就。

在初始阶段，创建一个普遍性的国际组织的构想最早由卓越的领袖、美国已故总统富兰克林·德拉诺·罗斯福和时任国务卿的老练的政治家科德尔·赫尔提出。这个旨在维持国际和平和安全的组织以国家主权平等的原则为基础，并向所有爱好和平的国家，无论大小，敞开大门。莫斯科的《四大国宣言》描绘了它的轮廓，而敦巴顿橡树园会议的一系列具体的建议案则落实了这一设想。现在这些建议案在旧金山得到了进一步的阐述和完善。

只需提及，四个创始国提出的二十九条修正案已共同呈交大会了，其他与会代表团也有数百条修正案，这事实表明了他们完成并完善敦巴顿橡树园计划建立一个永久宪章的共同决心和愿望。我们高兴地看到在今天这部已完成的文件中有许多新的特征。一些条款增加了，有的强调了协调或解决国际争端应遵循正义和国际法的原则；有的旨在促进和鼓励不分种族、语言、宗教或性别，尊重所有人的人权和基本自由；有的表达了当遭遇武力攻击时，对单独和集体自卫之自然权利的认可；有的强调了在解决国际间经济、社会、文化及其他人道主义的问题时合作的重要性；有的授权经济与社会理事会在各种各样活动领域设立代办机构，以取得确实的成果；最后的但绝非不重要的是，有的条款提供了一种广泛和自由的国际托管制度，规定独立或自治为其基本目标。我希望，这些事例足以证明新宪章有着开阔的眼界、崇高的原则和高尚的目标。

联合国的组织章程现已成文并签署，接下来将由出席本次大会的各国政府的代表予以批准。我们要做的是继续培养互相信任和友好合作，以便使这最伟大的国际性实验真正大获成功。

我们中国代表团以协作的态度来到旧金山，并欣喜地发现合作是整个大会欢乐的基调。我们本着对未来的信念和曾经引导我们聚集于金城的相同的合作精神，坚信持久的和平与持续的繁荣将是这个新组织赠予全世界的礼物。这不是乌托邦式的梦想，这是一个真实的理想、一个合理的希望。确实，当它实现之日，它将是对我们在艰苦的共同斗争中付出的全部代价以及对我们将付出更多的难以计数的生命、鲜血和财产的一个公正回报。天才的人们构想并制定了这份文件，我们热忱地希望合作精神将永远指导它的实际操作，以完成它崇高的目标。

我们已在旧金山逗留两月之久，美国政府周到的安排，使我们的逗留既舒适又富有成效。作为发起国之一，我们中国代表团尤为感谢东道主。同时，我们也非常感激好客的旧金山和它的人民。但是，在向尊敬的美国国务卿和美国代表团团长爱德华·斯退丁纽斯及其杰出的和极有成效的工作致谢之前，我不能结束我的讲话。在高效的秘书协助下，极富才智的他对大会的成功做出了独一无二的贡献。同样，对他的优秀而卓越的代表团的同事们，我们也表示深深的感激之情，我想对他们所有的人表达我们的钦佩和感谢。我真诚相信这不仅仅是中国，更是其他获得充分享受的与会代表团的共同情感。

（徐佳　译）

授予美国老兵奖学金仪式上的演讲[①]

1946 年 9 月 27 日

我们相聚于此是为了一个明确的目的，那就是向第二次世界大战期间在中国战场服役的美国退伍军人授予“中国政府奖学金”。这是中国政府第一次为美国公民颁发奖学金，因此，这一时刻值得我们铭记。

在我们为了自由与安全事业的共同战斗期间，数以万计的美国陆军、海军和空军的官兵被派往中国，与他们的中国战友并肩作战。他们忠诚地履行职责，不仅为他们的国旗增光添彩，也赢得了中华民族的感激与尊敬。不管他们走到哪里，他们都受到中国人民的欢迎和感谢。当然，他们会觉得中国很陌生，语言困难并且习俗也不一样。尽管面临着这些障碍，但是他们仍然对中国的生活和人民充满了深厚的兴趣。

中美之间确实存在着一种同情与友好的自然联结，这在我们两

① 本文是顾维钧在美国纽约华美协进社发表的演讲。

国关系中是十分显著的特征。正是为了推进从中国归来的美国退伍军人希望熟悉中国人民的思想和理想，熟悉他们的现状和问题，总之熟悉他们的生活和精神的愿望，中国教育部设立了这个奖学金。

这些奖学金数目并不庞大，因此仅仅是表示一种态度，然而它们的创立是中国政府方面的一种真正的愿望促成的，那就是激发美国人研究中国以及中国事务的兴趣，从而增进两国人民的相互了解。

关于相互了解，我并非仅仅意为对另一国知识上的了解，诸如气候的类型或皮肤的颜色、土地的肥沃程度或物产的种类、山脉的轮廓或河流的走向。我也并非仅仅意指经济和政治的形态；或是公共建筑的风格，庙宇和学校楼宇的建筑式样；或是农场和庄园的规模；或是商店和工厂的外观；也并非指人们的头饰或鞋袜的式样。对方国家的所有这些物理特征及其人民的外在表象都是有趣的和重要的，然而除非我们也了解他们的历史和文学、思想和哲学、希望和志向，以及最重要的是他们的精神和灵魂，我们才能说我们了解他们。正是这些不可见、不可摸、不可量的因素决定了一个民族在紧要关头的态度和行为，揭示他们的力量和性格。如果想要理解他们的话，这些有关他们的事情是我们必须要知道的。

当我的同胞第一次来到纽约，他们对蜿蜒的地铁和高耸入云的摩天大楼留下了深刻的印象。如果他们到了旧金山，金门大桥立即吸引了他们的注意，赢得了他们的赞叹。不管到了美国何处，他们惊叹于通讯的快捷和交通的便利。大街上车如流水，无数的飞机掠过头顶，广阔的铁路和公路网使他们不知所措。在每个城镇和乡村中教堂尖塔以及学校房屋增添了他们的好奇。产能巨大的工厂、琳琅满目的百货商场以及巨大的金融和商业机构，使他们确信美国有着高度发展的工业、贸易和银行业。

所有这些美国的富饶与强大的外在标志令每一位中国初访者印象深刻。然而，除非他也有所了解美国文化和文明的丰富学识，美国的原则和理想，以及由美国的历史和文学反映出来的、美国人民的思想和行为折射出来的美国的性格和美国的特质，他才能把握住这个国家的真正伟大的本质。

美国的生活方式并不仅仅是确保身体舒适、物质充裕和精神自由。它是革命之父的精神与后辈的卓越领袖们的思想和行动的真正综合。它集合了乔治·华盛顿的正直、亚历山大·汉密尔顿的天赋、本杰明·富兰克林的智慧、亨利·克莱的爱国主义、托马斯·杰斐逊的民主思想、丹尼尔·韦伯斯特的雄辩、亚伯拉罕·林肯的坚韧，约翰·海的外交、西奥多·罗斯福的政治才能、伍德罗·威尔逊的理想主义、富兰克林·罗斯福的领袖才干，还有众多过去与现在的伟大的美国人的教诲和成就。

当我强调这些应该知道的事情以便了解美国人民时，我不禁再次送出赞美之词，赞扬本世纪早期美国政府退还部分中国的庚子赔款并专用于派遣中国学生留学美国的明智而有远见的政策。作为结果，数以千计的中国青年男女获得了在这儿求学的机会，通过学习，他们渐渐了解了美国人民，并且认识到建立这个国家并使之伟大的道德和精神的原因，以及物质发达的原因。这些年轻人返回到祖国，带着从美国获得的知识，带着对美国以及美国观念和理想的赞赏，他们各赴其职。他们不仅把学识和技能极好地运用于服务国家，以及为建立亚洲第一个共和国做出了最伟大的贡献，而且他们在很大程度上负有责任，以增进中国人民对美国人民的真诚好感和加深理解。

由于同样的原因，我非常感激地注意到，在近些年来，尤其在我们共同战斗期间，美国国务院以及很多教育机构和大学创立了许多基金和奖学金，旨在帮助中国老师和学生能来到美国，或者在大学学习，或者游历和访问美国文化机构。我确信这明智而慷慨的政策将会有效促进对美国的生活、思想和文化的理解和赞赏。

基本上出于相似的目的，中国教育部设立了刚才业已颁发的奖学金。请让我重申，它的目的过去和将来都是为了激发研究中国语言、历史和文明的广泛兴趣，以及对中国的生活与问题有更深刻的认识。

为了进一步加强并发展两国间知识分子的联系，中国政府在最近与美国政府代表缔结的关于大量购入美国剩余民用物资的全面协议中，承诺将建立一个相当于两千万美元的基金用于推动中美间有关研究、文化和教育的交流。

我祝贺今天奖学金的获得者，希望他们对中国课题的研究着迷并最终成功地在更广的范围传播中国和中国的知识。这样的结果将有助于推进现在在中美人民的相互关系中起激励作用的友好情感，并且为中美在每一个共同利益领域的合作做出贡献。因此，今天在祝贺这些奖学金获得者的同时，我希望他们学习顺利。

（徐佳　译）

陈布雷

(1890—1948)

生平简介

陈布雷（1890—1948），名训恩，字彦及，笔名布雷、畏垒，浙江慈溪人。国民党高官，蒋介石的“御用”笔杆子。1907年入浙江高等学堂就学，1911年毕业。同年秋应上海《天铎报》之聘，任撰述，开始用“布雷”为笔名。由于才华出众，很快成为上海报界的著名记者。其间撰写了大量拥护辛亥革命的时评，反对封建帝制，宣扬共和精神，影响很大。几年后转到《商报》做编辑主任，不遗余力地揭露北洋军阀的腐败统治。1927年加入国民党，4月出任浙江省政府秘书长，5月赴南京任国民党中央党部秘书处书记长。1928年辞去中央党部秘书处书记长职，赴上海任《时事周报》总主笔，创办《新生命》月刊。1929年6月随蒋介石赴北平。1929年8月—1934年4月任浙江省教育厅厅长（其间1930年曾赴南京任国民党教育部次长）。1934年5月任国民党军委会南昌行营设计委员会主任。1936—1945年任国民党中央政治会议副秘书长、蒋介石侍从室第二处主任、中央宣部副部长、国民党中央委员。1946年任国府委员。1947年任总统府国策顾问，代理国民党中央政治委员会秘书长。1948年11月13日自杀身亡，终年五十八岁。

四中全会之精神①

1930年11月24日

各位同志：

张主席（张静江）因公赴京，须待今晚或明天可以返杭，今天由兄弟来做政治报告。在过去一周间，最重要的事是第四次中央全体会议的开会，现在兄弟就把会议的重要议决案，及其注意点，向各位同志略为陈述。

这一次会议，共计开会八次。会期先后七天。各委员聚精会神地把所有建国大计，以及党务、政治、经济、建设诸大端，都有极详尽的讨论，决议案不比二中全会时代那么样繁多，但都是极简当、极切要的大计，中央各委员抱定了“大”“简”“易”三个原则来讨论并决定各案。“大”是重大的，较为细微的事件便不讨论了；“简”是扼要的，次要的事件便不讨论了；“易”是平实的，繁难而不易实行的便从略了。这是这一次会议的精神所在。会议的旨趣已

① 本文是陈布雷在浙省府纪念周的演讲。

见之于宣言，不待兄弟复述。此外尚有关于经济建设之陇海路完成案，关于救济民生之发行陕灾公债及黄河沿岸造林案，都是于沟通西北，保障统一，和发展经济有莫大关系的。中国过去因野心军阀之把持西北，使得全国经济的开发，失其调节与贯通，政治和文化也大受其影响，加今阎、冯已经铲除，东南和西北的联接，再没有什么障碍，和平统一于是乎有确实的保障，而一切建设自然可依照总理遗教实施无阻了。此外尚有为我们所注意的：

国民会议的问题：国民会议已决定于明年5月5日召集，这不但是我们实践了总理的遗嘱，完成总理的志事，而且更可以把训政时期国民对于建国工作的责任确定了。四中全会的宣言，谓此次所召集的国民会议，实为国民一致决心共同接受总理建设民国之遗教遗业，而努力实行之开始。把国民会议的主要任务，规定得很明白，因为我们知道国民革命的使命，在建设自由、平等的民国，在建国期中，全国国民便亦有靖献国家的义务，于此之外，更没有所谓各个人民的权利。现在所要决定的，便只是政府和人民之间应尽的义务和应有的职分，究竟应该怎样规定其分际罢了。我们固然不必模袭他国的先例，起而做所谓“权利请愿”一类的工作，且在自由、平等的国家还在建设之中，亦更没有什么机关可以举何种权利以相卑与。民权主义不只消极地保障国民的基本自由，且亦积极地训练每个人民都有行使四种直接民权的能力，必如此，而后建成的民国乃真为民所有、为民所治，亦为民所享。这些大抵已见之于训政纲领中，在国民会议开会时，或须有更详晰的规定。现在一班人尚有怀疑到此次何以不提约法二字的，或者由于对民权主义尚未了解透彻吧！

中央制度的更革：这次会议对于国府组织法有相当的修改：（甲）从前的国务会议，改称国民政府会议，行政院各部部长得列席；（乙）从前的行政会议，改称国务会议；（丙）五院长副署制度取消，此后公布法律由立法院长副署，发布命令由关系院长副署。这些都为使机关脉络贯通，行政效率提高的意思，又如农矿、工商两部合并为一，卫生部并入内政部，不但可使政费节约，也可以减少因机关太多而工作不紧张的弊病，因为分割和散漫，确是政治不进步的致命伤，四中全会的着眼点便在于弛怠者紧张之，颓靡者振作之，散漫者齐一之，延缓者急起直追而补足之。所以有人说此后政治上的口号不外乎简单与紧缩，也可以说四中全会是中国政治合理化的开端。

施政中心的确立：全体会议，以过去政治上的弊病，一半由于大家求治太切，许多事都同时并举，每每遇到事实力量所不许，使行政效能反不能尽量发挥。所以这次中央决定在最近一年内把所有力量都集中在几件顶顶紧要的事情上面，……①这不是说其他事项不重要，是要大家先把所有力量集中在少数的事项上面，而限期完成之，以慰民众最迫切的愿望……②关于完成自治，尤注意于奖进地方热心笃实优秀分子，使得安心尽瘁于地方公益，以促各级地方自治之完成，而立民权主义最坚实之基础。我们由本省过去所得的经验，早觉得要充实县以下自治团体之组织，专靠政府力量是不济事的，非使乡里优秀分子认识自治之重要，一致接受三民主义，诚心诚意为地方而努力，则下层基础是不易巩固的。这一点更希望我们同志十分注意才好。中国到了今天，确是已进了一个新时期，国际间的

---

①② 此处略有删节。

视听也渐次转移过来了，这样一个难得的环境，应该怎样地牢牢地捉住而利用之，以加紧进行我们建国的工作，这是四亿同胞共有的责任。我们服务公众的同志，其责任更比寻常人来得重大，戒慎恐惧以自鞭策，乐观兴奋以赴事功，愿大家一齐努力！

四中全会对党员训令之意义[①]

1930年12月1日

各位同志：

兄弟在两星期前赴京列席中央第四次全体会议，上星期才回杭，今天被指定担任报告，就以在京开会时从中央各委员处听到关于讨论今后党务的言论，撮叙起来，参以自己一得之愚，为各同志道之。

这一次全体会议，不仅对于党部组织及今后工作方针有详细的决议和指示，并且还以全会名义，对各级党部及全体党员下一个极恳切详尽的训令。总括说一句，可以说对于本党内部的检查，其严格为前此所未有了。有些人因而疑惑，以为如此严切而坦白的检举，或不免减少人民对党的信仰，而且还恐怕授别有用意者以口实，使更有所挟以为反对本党之号召。这其间的影响，中央亦何尝不顾到？不过中央认为本党是志在救国的一个革命的政党，不可以没有彻底自讼的勇气和砥砺党德的决心。与其让人民去怀疑，勿如由自己来

① 本文是陈布雷在浙江省党部纪念周的演讲。

整饬。常言道“真金不怕火”，我们真能个个党员锻炼成精纯无疵的金钢不坏身，自然不怕全体人民不来真诚拥护我们的主义，和我们一齐来努力。否则阳奉面谀者愈多，背憎腹诽者未已，这种虚伪的威信，以革命自任的本党，又何贵有此呢？所以这一次全会训令所列举的错误，有许多同志，固然要“有则改之”，便是少数已经训练良好的同志，也何尝不应该“无则加勉”？

现在兄弟请将全会训令中所列举的几个要点，更加以较详的阐明，借供我同志自省的参考：

（一）要以党员养党，不要党养党员。这个意义，全会训令中已说得很明白。依中央的意思，不但要把党部组织竭力缩小，以避免“衙署化”的倾向，还要第一步把党部经费支出缩减到最小限度，而此最小限度的经费，是要做到完全由党员来担负，不支国家的分文。这一次建筑中央党部经费的募集，便是要恢复密秘时代党员养党的精神。其实这不过是一端而已，其精意所在，是要全体党员切实体会总理所说“我们革命党要学从前革命先烈一样，要牺牲生命，为中国前途来奋斗。要把自己的力量拿来努力进行，学从前真革命党的榜样，不可学革命成功后的假革命党，借党命来图个人的私利”的遗训，所以训令中切诫同志要力除恃党为生的恶念。其实依兄弟看来。我们同志中间，要说恃党为养，例如向党部要工作，或是竞取党内的职务，这究竟是极少数的。不过“服务机会”和“生活根据”，往往是极易相混而不容易分清，我们在革命立场上言，自然一切公职，能由深明党义的人来担任最好，不过这一句话，若出之于要觅工作的党员的个人的，凡遇到什么职务需要人的时候，便要求以党员来尽先充任，则不免要受旁人怀疑，而且流弊所至，难免就有不明白的人，为竞取职务而来加入本党了，这真是可以使本党消失其革命性的一个大危机，同志们不可不痛自纠绳而极力避免。我们总要尽其在我，使我们无论何种职业都成为优秀的分子，要使工作来找我，不要我去找工作，尤其不要假借于本身能力以外之原因，去觅取生活，这样才可以完全免去养党员之讥。

（二）要积极地推进政治，不要只是消极地指摘和吹求。全会训令说："吾党主义之实施与政纲政策之推行，当完全透过党之最高权力机关，而付托之于政府，绝无取于党部对于每级政府加以节节之干涉，或事事之吹求。"这句话并不是为一班不乐意受人督察的官僚解脱，而实在是要保持政治的统一和统系，也在于确定党部的责任。因为过去确实有许多见解不明的人，认党部与政府相对立，以为只要能代行过去省县议会的职权，便满足到万分了，这实是重大的错误。我们党部若不能努力造成为有组织、有能力的一个中心团体，来推动社会协进政治，而只自侪于与政府相等之机关，则主义政纲之能实现与否，还是极大的疑问。兄弟在这里不避冒昧地举一个浅例来释明，我们从前在小学校里听先生讲一段故事，大意是说一个教师，有一天向他所教的一班学生宣布，凡是在上课时候，在目光旁注而不看课本的，罚以面壁多少时，于是有甲儿起立检举乙儿说："先生，乙不看书本了。"先生说："是的，乙应该受罚。但是甲生你的目光，是不是注在书本上面呢?"同志们，不要只觉得甲儿的可笑。天下凡是刻苦自励的人，必定只有专心一志努力于本身的工作。而凡一心要捉旁人短处的人，未有不陷于本党抛荒的滑稽。我总觉得我们下级党部中间不应该专以指摘他人或纠举他人来表现我们的工作，我们总要积极地克举自身应有的职责，把自身的力量培养充实起来，要知道日球的光热普射之时，便是毒蛇猛兽遁形之日。如果只是枝枝节节而为之，其所补救也很有限了。

（三）要从能力和服务上来取得领导者的资格。全会训令勉励我们不要“与人民相隔离，与社会相捍格”，而要“深入人民与社会各种事业及团体中间，以热诚与人格及能力，取得信仰，以指导人民各自努力于应尽的责任”。这几句话，和全会决议工作方针案中逐项指示党员之为农工商及教师学生等对党最大的义务，可以互相发明。现在有许多同志，往往只看到“本党应领导人民”的一句话，而不知从“如何取得领导者资格”上去努力。这是使本党受人诟病为特殊阶级的大原因。蒋委员中正说：“吾人应充实普通做人的基本条件。”他这句话的意思是说我们同志要为农的像一个农人，为工的像一个工人，以至为商、为学、为其他的都要把本身修养好，先做成一个完全无缺的普通人。又不仅如此，而要不拘在何界中都成为一个优秀的分子，这样再负起革命的责任，则我们不言领导，自然一切都领导得起，我们只须以自身在其职业中所取得于同侪的信仰为基本，以加倍的努力和牺牲的精神做模范，则本党在一切事业中，自然而然地成为一种中心推动力，更不必借助于名义或制度了。兄弟在这里再举一个例，譬如我们党里现在有不少的党报，但以兄弟所见要算本省的杭州《民国日报》为最好的党报，因为杭州《民国日报》是以内容的丰富与精审取得全省报界翘楚的资格。其行销之广与读者欢迎之热烈，是完全以一个普通报纸最善的努力而取得的，绝没有假借于报社本身以外的任何力量。这样的报纸，只是在报言报，凡是有眼光的人，总没有不说是一张好报纸。如此则其领导全省舆论的力量，是实至名归，推却都推却不了的。既做到了这样的地位当然能为本党尽宣传的能事了。这不过随便举一个例，要是我们同志所举办的事业，能件件像这样时，还怕不能做一切的领导吗？要是我们能够在不拘何业都有这样的基础时，还怕什么破坏中伤或阻碍么？

以上只不过把全会训令内所包含的意思阐发了一些，完全是同志间规过责善的意思。我相信绝不会有人误解为扬自己的短处，至于那些不了解革命真谛的人，无论他们要怎样地误解我们，我看我们同志只给他一个不理会，我们只要自身真做到无懈可击，便不怕任何的打击，因为一个革命的政党在没有成功时，受尽常人的歧视或压迫，在将成未成时，受尽一般的诽谤和诬蔑，那是革命者必然的运命。经不起挫折，固然不配做革命者，受不起委屈，也不配做革命者。我们只能凭着入地狱度众生的精神，去向前奋斗，自然去成功之日，一天近似一天了。

教育的理论与实际[①]

1931 年 8 月 3 日

各位同志：

……[②]

说到基本工作，教育当然是最重要的一件事，几年以来，国家的建设，动受障碍；社会的秩序，无从安定；……[③]而今日则适承其敝，二届四中全会宣言中，关于教育的建设一段，言之甚为深切著明，第三次全国代表大会政治报告决议案中，对于过去教育的弊害，指出“六滥”“四恶”“三害”，尤为慨乎言之。本党数年之间，对于教育问题，认为国家民族生死存亡之一大关键；一面苦口陈述，要求全国志士仁人之省悟；一面希望同志们献身于教育事业，从根本上去下苦功夫。教育的重要，现在已无待赘述了。不过兄弟的意见，以为教育上实际的设施，固然重要，而教育上的趋势和风气，

① 本文是陈布雷在中央纪念周的演讲。

②③ 此处略有删节。

其关系于民族前途，尤为重大。今天愿以个人感想之所及为简单的报告。

现在一谈到教育，大家首先感觉到的便是怎样使教育普及，以及如何使学生有出路等等的问题。教育普及便要加增学校的数量。便连带地要加增教育的经费和培养必要的师资。要学生有出路，便要一方面改善学校的课程设备，提高学生的程度；另一方面要发达生产，发展各种的事业，以加增对于许多毕业生的容纳量。当然，这些都是很迫切而且很重要的问题，国家即使在十分困难当中，也应该想法解决。这种种事实的问题，等到和平秩序恢复了，不必分心到许多治标应变工作的时候，更应该竭力想法的。不过这些问题以外，还有更重要、更根本的问题，便是要明了教育的目的、意义和功用。教育的目的，在第三次全国代表大会政治报告议决案中有很赅括的一句话，说是：“使个人能为社会生存之总目的，各献其健全之能力。”现在教育上的大弊病，似乎大家都把这基本的一点忘了，因此发生如下的现象：（一）做家长的不明白为什么要送子弟入学校，以及如何陶冶他的子弟，成为于家庭和国家有益的分子。（二）办教育的不理会为什么要办教育，或是忽略了教育的目的在于造成健全的国民。（三）受教育者不明白为什么要受教育，受了教育是准备做什么的。关于第一点，在三四十年以前，初办教育的时候，做家长的对其子弟教育，是负全部责任的。现在一般的家长，已经不能像从前那么样的有计划、有考虑，或者是没有能力，考查子弟的学业个性，替他抉择其前途；也有许多或者是没有余闲来注意子弟的学业问题，也就无计划、无方针地听任子弟去自己决定。再加以学校招生，又不负责任，以致有许多不必入普通中学而入学的学生，有许多不应入大学而入学的学生，结果造成了许多彷徨歧路，甚至葬送终身的青年。关于第二点，如果家长不管而学校里的师长能担起责任来，一方面对学生的个性有考查，对学生的整个生活有指导，对学生的前途，像升学、就业等等能悉心为之策划，关于学生应对国家社会有什么贡献，有随时不断的训迪，也还不致有任其所之的现象的。可是现在有许多服务教育界的人，总不能十分注意到这种根本的问题。遂使学生们对学业修养不知努力，而于自身的前途，则完全为虚荣心所支配，结果因此而戕贼本能以自误的不在少数。关于第三点，因为学校里的师长们，不能根据于教育的目的、意义和本国的教育宗旨来启迪学生，遂使学生们只看见个人的利害，忘却了个人在群体中的地位和责任；学业不知道刻苦修习，自身能力根本不注意修养：支配着脑筋中的只有权利思想和地位观念。总理所说学生应做大事的名言，对于他们好像是格格不入，所关心的在学时是怎样以便易的手段，取得分数和证书，出校后怎样得到优闲的地位，甚而至于在大学校里可以反对切实负责严于训教的师长，而毋宁欢迎政界人物去兼任他们的功课；即使常常缺课，也所欢迎，希冀将来因老师门生的关系，有人挈带。志趣卑劣到如此地步，说起来真是可痛。至于学业程度的参差，那更是自然的结果。大学入学试验，竟有高中学生答称秦始皇是姓秦名始皇的，岂不是很可悲的现象吗？至于学生在生活上之不严整、不紧张，品性的陶冶上缺乏适宜的指导，也是很可注意的问题。以兄弟实际所经验到的竟有许多大学生，不但是无理取闹地干涉校务，而且手段和声口，简直是讼师化、恶棍化，如果不是明知故犯的不讲理性，便是其脑筋中根本就没有理性。教育的现象到此田地，真使我们为之汗流浃背。

以上不过是随便地举几个例。我从这些地方，深深感觉到目前教育上经费固然是一个很大的问题，但尚有比经费缺乏更大的问题。学校数的不敷和教育机会的不普及，固然是很大的问题，但已有的教育机关，是不是个个都有益于国家和民族，也是一个很大的问题。这些问题，在教育行政机关，固然负有补救的责任，但根本上也有赖于一般教育界的猛省。如果担任教育者漠视这种情形，而忍与终古，听其自然，教师只为要教书而教书，校长只为要当校长而当校长，办学校的只因为有许多校长、教员要当校长、教员而办学校，这种现象层出不穷，青年的前途、国家民族的前途，是不堪问的。现在关于教育上的专门理论和制度方法等等，不怕没有人条分缕析地去研究。独有这个教育的目的一个问题和教育与民族的关系，容易被一般专家忽略了的，真是很严重，而且值得每一个和教育有关系的人们深切注意的问题。我敢说如果教育的结果，只产生些无益于民族，或有害于民族的分子，则我们毋宁不要这种的教育。现在的教育，好像是一株大树，望过去枝叶似乎还很繁茂，而看不见部分的树根，已是日就枯萎；并且这些繁茂的枝叶，或者还是一些杂藤和野卉，如果我们不把树根好好地培壅，使它复活起来，结果的可悲是不待言喻的。

近来中央十分注重于教育：三民主义的建设，也当然要以教育为根本。我十分希望献身教育界的同志们，大家来注意到教育上的根本问题，无论是担任一般教课的，或是担任训育方面的责任的，都要切实认识教育与国家民族的关系，剀切发挥中华民国的教育宗旨，以被教育者思想、行为、学业全部的指导，引为从事教育者的无可旁贷的责任，使得全国有热肠、有远识的教育界同人，因我们的努力，而不感寂寞；使得一班还没有觉悟到这种问题的严重的，也会分一部分时间去考虑。教育的方针既正，教育的功效自然显著；社会对于教育，也自然会改变冷淡怀疑的态度，而趋于热诚的赞助。这样我们才能多一个教育机关，收一分良好的效益。这样我们才可以要求一般人民担负教育的捐税，由教育的建设，而完成建国的工作，这个使命是异常重大的。

如何施行国防教育[1]

1933 年 5 月

此次举行第四届省辅导会议，个人因身体不适，未能出席与会，所以乘此刻休息时间，和诸位作一谈话。现在国难日急，凡我国民，都应该抱着救国的心思。最近奉到中央的明令，要施行国防教育。本省鲁主席（鲁涤平）曾对各省府委员说，今后的施政，均应以国防为中心，建设是国防的建设，民政是国防的民政，财政是国防的财政，教育亦要施行国防为中心的教育。国防教育大纲，本厅业已订定，现在呈请省府核定中，不久即可通令各县。大纲内所规定的很简略，希望各教育机关根据大纲，做详密的计划，切实履行。

履行国防教育，我们首先注意的，要养成人民有刻苦耐劳的习惯；第二，要采用地方性的教材；第三，要铲除专尚形式的流弊，这是办理学校教育和社会教育的都应注意的。关于地方性教材一点，我们在二十二年度教育实施注意事项里已经列入，兹就民众教育方

---

① 本文是陈布雷在浙江省第四届省辅导会议对各代表的演讲。

面来说，应注意地方的历史、文化、物产特点，凡足以引起民众的观感，值得纪念的事物，应尽量地发扬，借以培养人民爱护乡土的观念，从爱护乡土，可以达到爱护民族。

照目下的社会教育情形看起来，有两点是应该注意的：第一点，近来民众教育馆，往往过重娱乐部分，民众教育馆应做的重要事业很多，但有人去一个民众教育馆的时候，所看到的只有娱乐的活动，其他的活动，多看不到，未免令人怀疑。我们要知道娱乐活动固然可以吸引民众，但只能看作一种工具、一种手段，万不可作为实施民众教育的目的，主办民众教育馆的应该把各部活动有均衡的发展，况在国难临头的时候，娱乐应该减少，可把此项经费，移充别部事业的用途，代用省立社教机关，有辅导一学区内各县民众教育馆的责任，希望首先本身作则，实行起来，为各县的模范，去纠正他们。第二点，民众教育馆进行的事业中，有不能达到我人所期望的，便是“讲演”一件事。讲演在现在觉得非常重要，我们曾把推广民众学校为唯一的社教的工作，因为民众识字之后，可以推行其他教育，但是开眼瞎仍旧很多，既然有多数民众不能用眼睛来接受我们所施的教育，那么只好使用民众的耳朵，要利用民众的耳朵，灌输一点教育，那么，讲演是一件最重要的工作了；各地对于讲演工作，虽多少进行一点，如讲演人员的增多、讲演次数的增加、中小学教师兼任讲演的工作等等，但中小学教育兼任讲演的工作有人非难，以为做教师的一天到晚教学生已经够忙了，够辛苦了，哪里还有时间来兼任这件讲演的工作呢，于是有批评厅方，未免太不明了老师的辛苦的。事实，我们何尝不知道，不过在国难这样严重的时候，我们只有刻苦地做去，虽有困难，我们不要怕，尤其民众教育馆应该分析这种困难，一一解决。现在我们要施行国防教育，要使民众明了国防的意义，也须用讲演去宣传，用口舌做工具，唤起民众，使民众知道如何就会国难，有了这个重要性，所以各学校教师兼任讲演工作，也应该去做。我们不是说“以教育救国”吗？所以站在救国的立场上，可说是国民的一种责任，以“先觉觉后觉”的立场上，觉得亦非做不可，倘各地小学老师能负责地担任起来，对于提高民族的意识，应付国难，一定有莫大的效果，并希望民众教育馆协同帮助他们。

至各民众教育馆，在施行事业上种种困难，不妨向厅中忠实地一一陈述，厅中自当体察情形，设法解决各种问题，厅中现正想提出一笔经费购备种种通俗讲演的工具，如幻灯之类，其他有需要经费的，也想用省款酌量补助，现在省预算虽尚未成立，厅中已有这个计划了。

今天在座的诸位，好像担任前方战事的将领，散会后就要到前方去作战，希望转告同人，共同努力，并希望诸位出席各地辅导会议时，把我今天所讲的意思转达。

停战协定签订后不应存苟安心理[①]

1933年6月5日

华北停战协定，已于上月31日在塘沽签订成立。这次签订协定的经过，行政院汪院长，在本月2日的通电中叙述得很明白。协定条文五条，也已经正式公布，其性质内容，大家都不难明了，简单言之，这不过是军事上临时一种不得已的局部的缓和，于中央所定之根本方策，毫无动摇；于九一八事变以来日本所百计胁逼以期取得我方承诺的事项，绝未涉及；于我国在国际条约上的地位，略无丝毫变更；于我国力争正义，确保领土主权之立场，亦绝无丝毫影响。事前种种传说，如谓协定中将涉及承认伪国放弃领土等等荒谬之谣言，由大连、由香港、由其他各处所发出的种种不经之传闻，于今均可证明其为绝无根据了。这次协定的签订公布以后，在世上当然有种种不同的观感，如谓此事可以庆幸，那恐怕只有不感痛痒的第三国舆论，会有如此看法；如谓局势从此变更，抗日工作可以

① 本文是陈布雷在浙江省城党政联合纪念周的演讲。

松懈，那也只有公债市场上的投机商人，会有这般梦想；我们如其没有忘记我们的国家，对于这次协定的签订，只应认为是一件应该刻骨铭心、永志不忘的耻痛的事实。行政院长通电中所说，“核其文字，隐痛实深”，这八个字包含了多少地棘天荆、无可奈何的苦痛。这种苦痛，不仅仅是少数负责当局的苦痛，而实在是整个国家与夫每一个国民所共负共感的苦痛，并且我们不应仅仅痛心于协定的签订，而应该深切体察所以使我们不能不谋局部缓和的事实环境，我们凡是有良心、有勇气的国民，到了这个时期，只有切实体认国内的事实情况，坦白无欺地接受这种事实；也要茹荼含苦，百折不回，不避艰难险阻，来挽回这种事实。我们试看自从热河失利以后，中央增调援师，协同在北方的军队，在长城一带抗战，前后牺牲，是如何的惨烈，敌人以飞机、坦克、重炮种种犀利猛烈的工具，进退自如，而我们唯有凭忠勇的热忱，前仆后继地以血肉之躯来填平堑壕，抵挡炮火，而且愈是战斗意志较强、战斗力量较厚的部队，抵抗必愈坚强，牺牲必愈重大，其结果一次抗战，死伤动辄数千，简单说一句，凡古北口、喜峰口、冷口、密云等处几次比较壮烈的战役，实际就是将最精锐的部队与坚固的阵地工事，在炮火轰炸之下，连人带物，同为灰烬。伤亡过巨之军队，当然需要整理与补充，或是调换休息，但后方匪势日张，各地出兵，不以时至，援军无力增调，而原在河北的军队，有许多因为连年多事，就没有能在统一的标准之下，训练成堪当剧烈战斗的力量。日本报纸对我国军队，抗抵力强者，诋为顽强抗御，枉作牺牲；抵抗力稍弱者，讥为本来不堪接触。这固然是恶意的分化，但是作战之事，非同儿戏，如果所有部队，不能有每一单位绝对均齐的素质，制胜的把握就很少，这些还只是军队本身的困难。此外，在这两三个月来，我们看到北方战地人民竭蹶供应，流离伤亡的困苦，以及军阀残余种种趁火打劫、引狼入室的勾当，离奇复杂的情形，直匪言语可以形容。在周遭环境如此恶劣的情况下，我们若以事外之身，责备当局，也未尝不可责以最后之玉碎，但在战地同胞，则简直有非稍纾喘息，必且万劫不复的感想，所以这次停战协定的签订，我们不但不应有丝毫苟安的心理，而且应该更进一层来深刻体认局势之艰难，要一些不放松地来加紧补救这种既有事实的缺陷。譬如两人角力，强弱本已悬殊，肘后复多牵掣，现在的情形，是要牢牢站定了原来的立场，练气运力，来博最后之胜利，此后的变化，一切均不可预知，我们要非时刻准备到最恶劣的情形不可。

我所识的邵翼如先生[1]

1944年12月14日

今天参加这样悲壮肃穆的公祭，听了于、邵两先生的悼词，追怀旧谊，实在是根触万端。我与翼如订交在总角之年，他是我十六七岁时候在浙江高等学校的同学。对于这一位尽瘁革命、因公死难的同学，我们浙江高等学校的同学是始终悼念不置的。我今天就以一个同学的资格，简述他的生平；也以同学的资格，说明我对于翼如的认识。

（一）翼如在浙江高等学校肄业的时候，记得是在前清乙巳、丙午这几年。他原名邵骥，字伯驯（一字伯瑾），他那时也只有十六七岁，他所给予我们同学的印象：第一，沉默寡言，落落不群。第二，是持躬端谨，生活整洁。第三，是文采照人，下笔立就，不但是散文好，骈文也卓有成就。这在未冠的童年同学看来，是觉得神奇而可仰慕的。第四点，则未必为当时个个同学所知道了，这就是他坚

① 本文是陈布雷在重庆参加邵翼如殉国八周年公祭时的悼词。

持民族大义，倾心革命事业。课余叙谈，在少数同学围坐中间，谈历史、谈世局、谈军事，无不表示他颠覆清朝，复兴民族坚决的志愿。我和若干同学倾听了他的娓娓清谈以后，很奇怪这样一位冲夷和易的同学，却是怀着慷慨热烈的革命大志。

（二）我和他同学大约不满二三年，翼如辍学离校了。问他辍学的原因，只说是为了家务。后来听说他参加了清朝政府下的一次选拔选优的考试，还听说他被录取了，以县令任用。我们有若干同学引为惋惜，也有若干同学不大相信，这样一位和清朝政府不两立的志士，何至做清朝专制政府下的官吏呢？我们当时浅薄的脑筋，当然不会联想到徐锡麟烈士为实行革命而不惜屈身做候补道的故事。至少在我是始终怀挟着一个不可解的疑团，这一疑团到了我与翼如辛亥年在上海重逢的时候，才始获得了解答。

（三）辛亥革命武昌起义的前后，我在上海《天铎报》担任评论撰述员，我不喜欢住在报馆，我是经常住在南京路一家叫第一行台的旅馆里的，在那里会客、谈话都方便。有一天下午，有一位不速之客来叫门，名片上写着邵元冲，我知道这是我闻名已久而渴思会见的一个人，我开门延接。我惊呼了起来：“你不是伯驯同学吗？你这几年在哪里呢？”翼如漫声地告诉我：“邵元冲就是邵骥。”于是他和我细谈他结识湖湘志士联络北方豪杰的经过。他告诉我革命必定成功，他还勉励我要继续在言论界上为革命而尽力。我和他这一次长谈直谈到夜深，使我感觉世上真有“静如处女，动如脱兔”的一种人格。原来良骥在枥不异常马，及其奔腾，可致千里。从此以后，就再不敢以幼稚肤浅之见皮相天下士。

（四）民国元年，我为了与报馆当局意见不合而回到故乡，改就教育界的职业，但我仍旧经常地与上海报界有接触、有往还，经常地注意着沪上的舆论。那时候《民立报》是更光昌、更充实了。季陶先生在主持《民权报》，楚伧先生在主持《太平洋报》，而翼如先生则主持《民国新闻》，本党在舆论界的阵容盛极一时。在民国新闻上，常常看到翼如的大作，觉得沉郁典重别有风格。听得有人说：我们的总理十分赏识他的文字，遇有需要撰写典雅凝重一类的文字，就叫翼如同志执笔，这一点我是得之于传闻，要求征信，在我们党史上当别有纪述。我那时只觉得我们浙高同学有那么一位革命的实行家，同时又是一位革命的文士而引为自豪。

（五）我是疏脱懒散惯了的人，民二以后和翼如几乎不曾通讯，直到民国十四五年间，我在《商报》的时候，翼如适以事来沪，他曾两次访我于报馆，我也数度到他的寓所。他给予《商报》同人们以鼓吹革命的勇气，也供给我们以宣传国民革命的实际参考材料，是我所深切感谢的。

（六）北伐开始以后，翼如对党对国的贡献，在场的各位都知道得比我还详细，可是我觉得翼如在南京服务的时候，有几点为他人所不可及：第一，他只知有整个的革命事业，超以象外，不计功利，而此身此心，无时不在局中。第二，是他每逢参加重要会议的时候，对于有关党国要计的议案，无不剖析敷陈，有条有理。第三，是他主持一个机关，就像一个机关，总是认认真真，朴朴实实，奖拔贤能，整顿业务，而一点不自表襮，这真无愧于浙江高等学校的学风。我们浙江高等学校有著名的两部：一是翼如，一是飘萍，若论才气横溢，飘萍自亦不弱；至于清正亮直、悃愊无华，那就要以翼如为不可几及了。

（七）最使我提到而痛心的是翼如二十五年在出发西安前和我匆匆的一别。记得我是 11 月 29 日因病由洛阳回京的，临行时总裁告我将去西安视察后或即回京，命我在京静候，如无电召，不必西来。我到南京已在 29 日夜午 12 时，翼如到我寓所匆匆来访，说已定好车位，即将出发洛阳往谒总裁，我告诉他总裁或已西行，不在洛阳，劝他不必多此跋涉，有事何妨待回京报告。但是翼如执意不听，他说我此去是赍有接洽北方准备抗日作战的重要材料，须待当面报告决定的。雪耻卫国，应当剑及履及，积极准备，迟一天不得。如果不能在洛见到总裁就更西行，所以他决心当夜动身，我在午夜以后送他到寓所门首，珍重握手而别，哪知道他这一去就牺牲于仓皇变乱之中。陷身虎穴，一去不回，何物乱兵，戕我国士，这真是本党无可挽回的损失，也是我个人回忆起来最难堪的一段伤心历史。

现在翼如殉国已八年了，他毕生所提倡的民族正气，已是彪炳寰宇，他所努力准备的抗战工作，正在艰苦进行。光阴易逝，而我们对于先烈的景慕和追念，是八年如一日的。翼如的精神，永远存在着我们每一个同志的心里。翼如的平生，无愧为浙江高等学校模范的同学，历八年如一日，也永远珍重保存在我们浙高同学每一个人钦崇悼念的心坎里的。

今天拉杂地说了这几点感想，灵爽奕奕，遗挂在堂，我不敢有一语虚伪溢美之词以负我死友。我明知悲哀无益，但是旧人凋谢，革命未成，丁此时会，悼我良士，我实在抑不住八年以来愈久愈深刻的悲哀。

孙　科
(1891—1973)

生平简介

孙科（1891—1973），字连生，号哲生，广东中山人，孙中山长子，其母是孙中山的原配夫人卢慕贞。政治家，中华民国史上唯一曾任考试院、行政院、立法院三院院长职务者。1895 年随祖母移居夏威夷。1917 年回国，在广州担任大元帅府秘书。1918—1920 年担任非常国会参议院秘书兼《广州时报》编辑。1921 年任广州市市长兼治河督办。1923 年 2 月再任广州市市长。1925 年任广州国民政府委员。1926 年 5 月第三次就任广州市市长。1928 年起草《中国国民党训政大纲》，协助制定《中华民国国民政府组织法》。同年 10 月任铁道部部长与考试院副院长。九一八事变后任南京国民政府行政院院长，后被迫下台。1932 年底任立法院院长与宪法起草委员会委员长，主张结束党治，还政于民。1938 年奉派中国政府代表及蒋介石特使与苏联谈判，签订《中苏互不侵犯条约》《中苏商务条约》。1946 年 1 月代表国民党与中国共产党协商。1947 年 4 月任国民政府副主席。1948 年 5 月再次出任立法院院长，11 月任行政院院长。1949 年 3 月辞职移居香港。1952 年定居美国洛杉矶。1965 年回国定居台湾，任“总统府”资政、“考试院”院长。1967 年出任东吴大学董事长。1973 年 9 月 13 日在台北去世，享年八十二岁。

国际变化与中国自救

1933 年

最近世界各国发生的事变，其中比较重要的一件，就是美国发生的金融恐慌，与美政府紧急救济处分的收效。本来美国自欧战以后，是世界上的黄金国家，在资本主义发达过程中，美国算是最迅速、最繁荣的国家了。这一次发生金融恐慌，似乎很奇怪，查美国此次风潮发生以来，国内各银行所存黄金，尚有四十余万万之多，比日本存金超过二十倍，现金准备，既有这样多，为什么还有恐慌发生？据一般观察，就是由于他们银行制度的不完备，尤其是最近三年来世界各国经济都越衰落，工业增多，银行倒闭，信用日堕，而挤兑风潮因此愈益弥漫。有的以票据兑取现款，在一二星期中，竟有提取现金达万万者，因此恐慌风潮，竟有惶惶不可终日之势。现在美政府的救急处分，就是由国会通过临时法案，立即停止全国金币的流通；其能兑换金币的钞票，也一概禁止不得流通。因此全国银行，均一律停闭，所准流通的，只是以银为准备的银钞票和临时发行的无准备金的流通券。同时再禁止人民私存现金，凡查出有私存现金的，严予处罚。此项救济办法颁行后，果然恐慌风潮立见停止，虽尚未完全解决，然已收很大的效果了。

因此问题的发生，我们可以知道资本主义国家的组织是很不稳当的，因为它们基础不好，此种恐慌，随时可以发生，盖因事实所趋，无可避免的。

其次还有一件消息，是广州的事情，就是德国的大选希特拉领导下之国家社会党，完全得到胜利。这一件事的影响殊不在小，因为德国自欧战以来，割地赔款，国步艰困达到极点，在当初革命之后，国内占有优势的，是社会民主党，所以第一任总统，就是该党的领袖做的。该党政策主张妥协主义，所以《凡尔赛条约》，不能不签字，赔款数目，不能不承认，结果国家困难日益加甚。德国人民，觉得左派的社会民主党，当然不能解决国家困难、人民痛苦，所以就有多数人倾向于右派，就是希特拉领导的国家社会党，乃是一个反动政治的党。因为这个原因，德国与苏联的国交弄得一天坏一天，同样与法国的感情，也一天远一天了。本来德国在革命之后，国体虽然没有完全仿照苏联，但与苏联的国交，确是最好，现在叫俄右派的复兴，取消共和国旗，并要废止欧战后所创立的新宪法，差不多有复辟的倾向。国情既变，与苏联的国交，自然每况愈下了，希特拉党现在并要求废《凡尔赛条约》，扩张军备，与列强平等，因此使世仇的法国，顿感不安。法国在大战后，深怕德国报复，其唯一保障，就是靠条约的力量，不许德国有十万人以上的常备军队，及一万吨以上的军舰。现在德国有此种要求，当然使法国吃惊。前月德国在军缩会议，曾因所求不遂而退出，复经调解，允予相当容纳，所以未果退出。

由于这一幕的情形，使法国政策，不能不为之一变，这一变与我国也有很大关系。因自前岁“九一八”以来，法国上下一致默助日本，侵略我国，到最近国联通过报告书，居然法国与英国，一致不助日本。这个结果，就是由于法国受了德国政治变动的影响。我们知道法国所恃为保障者，就是国联，如果国联失了保障作用，法国就一日不能安枕，所以法国之不能不拥护国联，实属势所必然。此次日本侵略我东北，其行动等于取消国联，法国觉得如再赞助日本的主张，不但公道没有保障，即国联本身亦将失去存在，它为自己生存安全计，不能不来拥护国联，并转变其对日的政策了。

于此我们可知世界各国间，国交的厚薄，完全以利害关系为转移，并无真确不变的交情。利害相同时，便有交情；利害冲突时，立可变为仇敌。欧洲各国如此，其他国家也如此。我国当然也不能出乎这个例外。八九年前我革命军未到长江流域时，总理定下联俄的政策，现在看起来，总理当时定下这个政策，是很重要的，很合理的。因为当时列强都是帝国主义国家，都来侵略中国的，没有帮助中国的。当辛亥革命时，总理很希望英美能够帮助革命党，但是结果他们就帮了袁世凯来称帝的忙，没有帮助革命党。后来总理又注目于日本，希望以其在亚洲新兴国的地位，帮助我们的革命。假如日本能够谅解中国的革命，能够用远大的眼光以平等看待中国，当然可以联日本来共同发扬大亚细亚主义，总理那时候的联日主张，是两个平等的，并不是要中国屈服的。但是总理这种政策，始终没有得到日本朝野上下的谅解，尤其是日本军人，特别不能谅解，所以没有得到结果。后来我们革命军初次出师北伐时候，总理以为世界上只有革命的国家可以联络，所以决定联俄的政策，而放弃了联英美、联日本的政策。但是总理的联俄，是为国家民族的利害而联的，后来我们放弃联俄，也是为国家民族利害关系而放弃的。现在中国受日本残酷侵略的时候，对内是另一问题，对外实有联俄的必要，所以我们已与苏联复交，站在一条战线上。此中亲疏利害，是值得我们研究的。中国今日正在风雨飘摇、忧患交侵的时候，就是其他各国，虽没有像我国有外患这样严重，但经济恐慌、失业恐慌，也陷于同样的不安定。如美国此次的金融恐慌，他们也认为是严重的国难，但是他们的当局，应付这种困难，是怎样的情形，他们都是很能干、很有担当，一点没有萎靡不振的情形。新总统罗斯福氏于就任之初，即下令全国停止兑现，全国亦一致遵守命令，毫无问题发生。德国今日虽然系反动势力秉政，但其当局的坚决果敢、负责硬干的精神，却亦不可多得。我国现当国难严重之秋，一定也要当局同志有担当硬干，不苟且偷安，不敷衍犹豫，才能应付得下去。因为看代表全国的当局，没有决心没有办法，在人民看来，自然更没有办法，更加要疑惑了。现在我们救国有没有办法，就看我们的当局有没有决心。一部分人民看我们上下萎靡的情形，认为已是亡国的样子。这种心理，很是不好，推广下来，真真足以亡国。要消灭这种心理，就要我们当局，毅然决然来领全国人民，向前奋斗，为国家求出路。语云，他山之石，可以攻错，观于当局世界的问题，也可以作我们的参考，请诸位同志大家注意。

陈果夫

(1892—1951)

生平简介

陈果夫（1892—1951），名祖焘，字果夫，浙江吴兴人。国民党高官。与其弟陈立夫同蒋介石关系密切，在大陆时期为蒋所倚重，负责国民党内组织及党务，有“二陈”“CC 系”之称。年轻时加入同盟会，参加过辛亥革命、“二次革命”。1920 年在上海经营证券物品交易所，股东有蒋介石等国民党人，曾获利颇丰，所得利润部分用作支持孙中山革命。1924 年当蒋介石主持黄埔军校筹建时，在上海代其处理军用品采购、人才招揽等工作。1926 年到广州，当选为国民党第二届中央监察委员，并任中央组织部代部长。1928 年任国民政府委员，兼监察院副院长。1929 年任中央执委、中央组织部副部长，成立国民党中央政治学校。1932 年任导淮委员会副委员长。1933 年兼任江苏省政府主席，负责整治江苏及淮河水利。抗战胜利后，任中央政治学校教育长。1948 年 12 月迁居台中休养。1951 年 8 月 25 日于台北病逝，终年五十九岁。

改革教育是清除国难的根本办法①

1933 年

在此民国二十二年的岁首，日本帝国主义者，以其侵略的野心，乘各国新年休假之时，加紧其横暴残忍的行动，攻陷我榆关，惨杀我同胞，如是疯狂，是我们国家已到了朝不保夕的地步了。我们要排除此严重的国难，除了积极抵抗以外，再无第二条路可走了。但此是治标的方法，至于要永久不使国难发生，唯有两条路给我们走，一生聚，二教训。生聚是经济的问题，教训是教育的问题。我们要晓得我们国家所以有此国难，就是以前我们的教训不好。我们以世界的眼光来看中国的教育，固待改革，而日本的专以侵略为目的的教育，这种帝国主义的教育，也何尝不待改革？日本改革教育自有日人用心。今天把中国教育的改革问题，提出向各位讲讲。

中国教育之不良，已是无可讳言的事实。因教育的不良，以致影响各个人之生活、社会之组织、国家之生存、民族之生命，陷于

① 本文是陈果夫在中央纪念周发表的演讲。

今日贫弱的地步，致为日本所乘，难于应付。故欲言救国，非从教育入手不可。去年兄弟会向中央提出一案，于十年之内，停办文法学科，而重视农工医各科。这并非兄弟的偏见。因为以前太偏了，故有此纠正。现在我们所以不能抵抗日本的侵略，并不是我们的文章做它不过，也不是我们的法律讲它不过，是在我们没有抵抗力量。培养抵抗的力量，就是要使农工医学发达。故注重农工医学，是为我们预备抵抗的一个紧要步骤，但此是治标的方法。至于治本的方法，就要确立中国的教育制度。如何能使人尽其才，适合于三民主义的需要，迎头赶上外国，现在我们学美国、英国、法国的教育，亦唯有跟着它们走而已。要迎头赶上它们，非自己确立自己的制度不可。故兄弟曾在三中全会，提有改革教育方案一案。今天我把此案的意义，和各位说明一下。这一个案的内容，分为五章。一、教育之使命。二、学制系统。三、各教育之意义与其分布。四、教育方法，应改善之点。五、教育上应有合理之互助。

一、教育之使命。国人患弱宜如何使他强。凡人人体格之锻炼，民族精神之振奋，与民族自信力之培养，都为教育上所应注重的。故除医学、卫生及民族意识全国须重视外，小学教育应以民族主义为基本，而由中级各学校完成之。故小学应注重健全体格之训练，民族意识之培养。生活学校，则须有童子军之训练。高级生活学校，初级师范、高级师范及大学预科，则须受军事训练，尤其注重女子体格之健全，以造成坚强严肃、任重致远之国民，以救国家民族之危殆。此是第一点。其次国人患贫，宜如何使他富。总理在建国大纲中，指示我们建设之首要在民生。是以亟应注重于民生之建设，以确立国家经济基础。故在教育上，应提倡应用科学，使农工商业尽量地发展，才能达到人富、国富的目的。故在中级学校，使侧重在用的方面。而在大学，使侧重在知的方面。于十年之内，大学注重农工，中级学校的教育，必适于环境，切于生活。务使在最短期间，达到地尽其利、物尽其用、货畅其流的目的，以确立国家经济的基础，而国家和个人之富力。此是第二点。更次国人道德之日渐堕落，宜端正其品性，国民道德之养成，应由各方面努力。如成年妇女，应先使其受补习教育，使能培养儿童的品性于家教。故入学儿童，如其品性良善，其母与教师，应受同等之奖励。反之儿童在学，品行不良，成绩恶劣，教师固应负责，其母亦应负责。在小学与中级学校，应增设修身一科，再加以严格管理，使男女青年，在中小学求学时代，即造成服从纪律之习惯，与力行之精神。同时力戒虚荣自私浮嚣散漫之习惯，以后无论何种学校，关于衣食住行，种种设备，必力求简单实用，不能有不合环境之虚靡。凡利用学生做政治活动，成为个人权力，不惜造成学校风潮的校长、教员，如在本校发现，立即撤职；他校不得任用。以学校为商业性质，以谋利作恶的，查出处办后，不许再办学校。在政治上有劣迹显著的人，亦不许办教育。学生在学校，不读书，不守校规，应由校长教师负责。如此国人之道德品性，方能端正严肃。此是第三点。以上三点，如一一做到，教育的使命，就此完成。

二、学制系统。学制系统，分为六级。（一）家庭定为六年。（二）小学定为四年。（三）生活教育定为三年。（四）高级生活教育，定为三年。（五）大学预科，定为二年。（六）大学定为四年至六年。六级之外，在第一级之最后两年，请保育儿童有经验之妇女训导儿童之品性，由私人联合设立或私人捐资，由地方设立儿童公园。园内专收其父母终日在外谋生无暇教育之子女。期间拟为一年至二年。在第三级与第四级之间，设初级师范，定为三年。曾受第三级教育毕业后办事二年以上的准许入学。在第四级与第六级之间，设高级师范，定为三年。曾受第四级教育毕业后办事二年以上者，准许入学。在第三、四、五级与初级及高级师范，都应设立适合女子性格的女子学校，尤应多设立女子师范学校。自第二级毕业，至第六级始业之间，另设特种教育，不规定年限。

三、各级教育之意义与其分布。（一）家庭培养品性，以立做人基础。（二）小学培养国民应有之智识，及做人应具之条件，以立健全国民之基础。故凡乡村有五十家以上，至少设一小学。县政府应择每若干乡村之适中地点，设一标准小学，为全乡村小学的模范。其校长必须经过特别训练，由政府考试合格者充任。有监督及考试各公私立小学及家庭教育之责任。凡各公私立小学学生，及由自习或受家庭教育有相当成绩的，都有同等参与标准小学毕业考试之权利。（三）生活学校。以养成技能及能自立之健全国民为目的，由若干联合或在各乡村小学之上，应有一生活学校。此种学校应依其地之主要生产为施教技能之方针。如产鱼之处，设立渔业学校；产丝之处，设立蚕丝学校。以求生产之改良推广。政府在数个生活学校之中心地点设一标准生活学校，为全区生活学校之模范。凡区内生活学校之学生（女生在内），都有同等参与标准生活学校毕业考试之权利。（四）高级生活学校。以养成熟练技能管理人才之健全国民为目的。此种高等生活，教育范围较广。每省得依其生产及制造之环境而设立。以公立为原则，但人民亦可依政府之规定而私立之。而中央斟酌各省区之环境及程度，制定某某高级生活学校为标准学校。

唯标准学校之校长，应增设一人一边循环观察与研究。于毕业考试时，由政府派员会同监试。（五）大学预科。补习普通科学，外国语文，或高级常识为入大学之预备。（六）大学。养成领袖人才，与专门技术人员，以图国家建设事业之发展。凡大学及大学预科，应分布全国，不得以多数同科之大学，集于一隅，其学额之多寡，与其分系分科。国家应依其需要之程度，分别规定。其毕业程度，必与外国大学毕业程度相当。由政府派员考试。（七）师范。以初级师范为培养小学之师资，高级师范为培养生活教育之师资，凡师范教育，不设标准学校，必须由国家办理。（八）特种教育。亦称天才教育。由国家专选品性优良有特殊天才之儿童，送入相当之特种学校，以造成特种人才。此种学校，政府应不断派员考察和研究，并指导其教授。

四、教育方法，应改善之点。（一）先教其工作，而后教其读书。此用于补习教育之传习所。与中国之学徒性质相当。（二）教以读书识字，同时教其做工，即生活教育。（三）教其全知，而后使其行。即特种教育为培养全才，故必使其成全才，然后使用。此种教育，应尽量利用学生之记忆力，灌输一切原则、定理、公式，但令熟记，不强其使用。如一旦豁然贯通，则发明不难，同是各级学校，当始业之时必须熟读。由政府颁行之特种书本，如在家之儿童，有必须熟唱之歌。入小学之初，应读之书本，包括做人之道、三民主义概要、民族意识、读书方法与书史目录。入生活学校，应读之书本，须包括如何做自立之国民民权、民生主义之大意、修身齐家之道。至入高等生活学校，应读之书本，包括齐家治国之道与民权主义之使用。入大学其应读之书本，须包括治国平天下之道，与总理全部遗教之精义。如此不□□今日之学生，往往不知其所学之科目，与其本身有何关系。各大学校之校长，由教育部每年召集一次，咨询一切。各标准生活学校之校长，由省教育厅每年召集一次，咨询一切。各小学之标准学校之校长，由教育局每年召集一次，训练指导其改革方针，纠正其错误，使各归去，告知其所管之各公私立学校校长，俾不断地改善。

五、教育上应有合理之互助。（一）国家应制定教育役之法。凡曾受国家补助之学成学生，可依其程度，规定其征役年限。其不愿任教者，则课税若干，以充义务及补习教育经费。（二）凡入学幼时应受教于年长者，及其年长，应教年幼者。如先贤都能以其学识经验教后人，则今后学术之进，更无限量了。（三）小学生读书识字有二年以上者，应由教员授以教法，使教其家中人或邻居识字。此是促进全国人民，普遍识字。（四）农村标准学校，应以补习教育与生活教育。同时在一校中之成为三角状体之教育。教师讲解农业上最新之学理，与农人应有之智识，使学生学而行，以其行之成绩，告知农人。农人则以其所得经验告知学生与老师。如此于短期内，各补助其不足，可图生产之发展。（五）所有各学校课室，尽量作为补习教育之用。各学校图书馆、体育馆、科学馆，应尽量开放，使学校以外的学者有学习自修之机会。以后图书馆等建筑，最好在学校之旁，或于几个学校之中心地点。

凡此种种，无非欲革其弊，与其利，使人尽其才，以挽救中国之贫弱。崇尚道德，以光大民族之精神。如能一见诸实行，则不但抵抗暴日的力量可以充实坚固，抑且可以迎头赶上外国，使中国立于独立富强的地位。

如何复兴农村[1]

约 1933 年

上次兄弟回到家乡，看到家乡完粮的通知单，觉得政府向民众所征收的税，与几年前比较差不多增加了三倍；再调查米价与前几年相比，亦差不多增加三倍。所以有人说政府所征收的粮税太重，人民负担不起，免不了使农村破产。照我看来，尚不能算农村经济破产的主因，因为三倍与三倍是相当的。不过再调查一下，各种物价则有几倍、十几倍，甚至有二三十倍的增长。其中农民主要出产品的价格，不能像农民需要品价值的飞涨，致农民无法维持他的生路。这才是农村经济破产的大原因。因此我想到有几个问题，对于复兴农村、繁荣农村，有特殊关系，我们同志应该注意；而且我认为比单单改良种子增加生产，更为重要，更是改进农业的几个先决条件：

一、修治水利。要使农民的生活安定，水利的问题是很重要的。

---

① 本文是陈果夫在中央党部总理纪念周发表的演讲。

如淮河流域各地，据导淮委员会的计算，每年因水的关系而蒙损害的数目很大，稍缓我可把它详细数目，专做一次报告。简单地说，如果我们花了二三万万元，把淮河流域的水利治好，每年的损失，非但可以补偿，并且可以增加三万万元以上的农产品。所以水利不治，即使拿科学的方法，运用机器来种种灌溉，而结果为了抗旱，或是为了洪水泛滥，可以把多少人的心血，一扫而光。据去年海关的统计，中国仰给于外国粮食，约需二万万以上。如果单把淮河流域的水利治好，就可以使中国的粮食问题，不需担忧。何况中国全国水利，久已不加讲求，尤其是在西北一带，几百年来未尽人事，以致常常为水所害，一天穷似一天。如果我们努力兴水利，那么农民便有重生的希望，所以使农村经济恢复，发展水利问题，是很重要的。

二、限制农产品价值的低落。谷贱伤农，古有明训。现在米麦价格的低落，虽然在都市有少数人受了好处，而在乡村中的大多数农民蒙害了不少了。加以农民必需品的价格，天天高涨，以农民每年举债出息辛苦所得，不能抵偿生活上的需要，由怨而灰心，由灰心而放弃田作，不事生产，终于使农民的生活，益发陷于绝境，而农村经济的枯竭，亦一天比一天困难。所以政府对于农产品，应该要定一最低限度的价格，农产品如在最低限度的价格之下，政府应收买若干，足以维持相当价格不再低落为限，作为保险的性质；再加以外米进口，在税则上节制它价格，倘能继续行几年，要使农民把惨淡经营所得到的，去抵偿日用的需要。譬如每石米价为七元，在我们看来以为贵了，而实际上经过中间的种种剥削，农民所得实在有限，农民无法生活。所以一部分的农民，抛弃了田作，都往都市中去谋生。这样农村的没落，是当然的事实。在前几年，上海市受到各地虫灾的影响，曾经闹过一次米荒，米价涨得很快，幸亏社会局定了一种最高限制的价格，得以把米价稳定下来。今后政府如为多数农民着想，似乎亦可以定一种最低限度的价格，来救济农民。如果能够做到这一点，农村经济亦易复兴。

三、设立农村金融机关。现在农村中没有一完备的农村金融机关，虽有一种典当，为农民唯一的金融调节机关。只是典当事业，比不得以前，现在到处没落。还有那些地方上的绅士，本来可以借钱给农民，现在为了地方不靖的缘故，都往都市中跑，以致农民借贷无门，难为无米之炊，陷于绝端困难的境地。现在虽有什么农工垦业、兴业、实业等银行，但他们本意不为农民调剂金融，却为都市中人做投机卖买地产公债交易而从中取利的，名不副实，徒然学会了外国人的短处。这种银行根本不与乡村的农民发生关系，又讲到钱铺，也不很普遍。所以农村中要有一种切合农民需要的金融机关，必定要在农民身上着想，这样我们不能不研究一种新的农村金融制度，取银行钱庄典当的长处，而避免银行钱庄典当的短处，再加上信托事业中一部的办法，为农民谋切实的便利。

四、奖励副产业。江浙两省的农民经济，所以比较的富裕，并不在本业，而在副业。所以各地的农业副产品，实在都有奖励的必要，此外更应教农民拿农产品制造工业品方法，使农民最简单生活的用品，能够自给，然后农村的金钱不致很快地向外流。如果农村的金钱不急急向都市中流出，日积月累，将本求利，农村经济的发展必定很快。我相信有一块钱在农村中流来流去，不被外界剥削去，在三五年后，至少可以变成十块钱。农村的繁荣，就在于此。

总之，在目前的情形之下，我们要解决民生问题，还谈不到用机器的方法，增加生产，只要把我以上所说的四个实际问题，一一解决，农村自可以繁荣，农民的生活，自可以安定。如果农村繁荣，农民生活安定，则全国的工商业，也随有迅速的发展，财富可以增加，国力可以充实。

宋美龄

(1897—2003)

生平简介

宋美龄（1897—2003），祖籍广东文昌（今属海南），出生于上海。政治家，蒋介石的夫人及外交助手。1910 年跟随赴美留学的二姐宋庆龄到了美国，后在威斯理安女子学院就读。1917 年 8 月回到上海，次年到上海基督教女青年会当英语教师，同时还参加一些由基督教女青年会组织的其他社交活动。1919 年 3 月进入全国电影审查委员会供职，同年秋出任由上海参议会主办的上海儿童劳工工作委员会执行秘书。1927 年 12 月 1 日与蒋介石结婚。1936 年出任航空委员会秘书长。1937 年春邀请美国陈纳德将军到中国当空军顾问，并组建了“飞虎队”。1942 年秘密离开重庆，飞往纽约治病，并暗中谋求美国援助。1943 年在美国国会的两院联席会议上发表演说；3 月同罗斯福总统会晤，并一起举行记者招待会；11 月陪蒋介石参加开罗会议，任翻译。1950 年迁台湾。1975 年蒋介石病逝后去美国就医、定居。2003 年 10 月 24 日在纽约去世，享年一百零六岁。著有《西安事变》《中国的和平与战争》等。

合作与牺牲精神[1]

1936 年 1 月 1 日

借本电台开幕的机会，我能对大家说几句话，很觉得荣幸。我在这广播器前面发言，几千里外的人们都能听到，确是一件神奇的事情。这不能不归功于现代科学的发明，同时表示了人类控制自然的能力，已有如此进步。我们利用自然的力量，有当有不当，用而得当，固能福利人类，用得不当，也可以危害人类，甚至使人类毁灭。

我们既可以这样地支配自然，促成物质的进步，但我们也应当注意较物质更重要的精神。人类是被精神力量所控制的。有了这种精神力量，世界还有实现大同的一天，人人皈依上帝，人类或有融成一体的可能。精神力量虽不是我们目光所能看得见，然而我们确信它是永恒存在的。主耶稣曾经提出过一个深刻的问题，他说："假使有一个人，他得到了整个世界，而丧失了他个人的灵魂，有什么

① 本文是宋美龄对上海基督教广播协会电台开播时的广播讲话。

益处呢?”我们应当明了这个伟大的真理。

我希望大家在这民国二十五年的元旦令节，感谢上帝给我们的无穷幸福。自有历史以来，上帝的赐福我们、庇护我们，到现在已无数世纪了。我们已奠定了中华民国稳固的基础，现在我们还要恳求上帝扶助我们，引导我们在这艰难的道路上，继续前进。我们为了全国同胞的福利，竭诚地贡献一切、牺牲一切，并且希望由此创导出国家民族的新生命。

要使我们的国家强盛繁荣，而恢复我们民族从前的光荣，唯一途径，是人人都能尽他的责任。我们的努力，还得调和一致。从前有句话说：“一箭易折，众矢难摧。”倘使全国的国民，不论什么地位、什么职业，都能把福利国家、福利社会作为工作的目标，不存一丝一毫的自私心，自奉力求简约，服务不辞劳苦，我们一定可以把国家从危亡中救援出来，如要达到这个目的，我们还得刻苦实行，有牺牲精神，只说不做是毫无用处的。

让我借这个广播器，再向诸君申述我的愿望，我希望人人能在爱国救国的共同目标之下团结一致——并且不仅为了本国，还得更进一步为全世界的幸福而工作，别让任何人独自负起国家的艰巨责任。我们应当共同为祖国努力。我们要乐观，要有精诚合作的精神努力前进。最重要的，我们还得明了，当我们奋斗前进的时候，上帝永远在辅助我们。我们不能离开了上帝独自前进。只有上帝的辅助，才能使我们实现一个真正的快乐新年。最后，愿上帝赐福你们，我并且竭诚地祝诸君新年快乐。

告中国妇女[1]

1937 年 8 月

诸位同志：

我们今天在这里开会，正当强邻压境，可以说是历史上最严重、最危险的时机。因为战争是凶险可怕的，我们不得不在战争的阴影之下集合，实是万分遗憾的事情。这次战争，我们必要牺牲很多将士、无数无辜的平民和损失国家无穷的财产与富源。眼看我们十年来埋头苦干的建设，要被这十分残暴的敌人摧毁了。但为了国家的生命，有时我们需要这样极度的牺牲。我们政府的态度，现在已经明白表示，凡是自爱的民族所能忍耐的，我们已经忍受了，我们不能再迟疑，要勇往向前，用尽我们全副力量，来救国家的危急。我们与全国同胞，只有绝对地服从政府命令，共同一致，来求民族的最后胜利。

我们要保全国家的完整、保护民族的生命，应该尽人人的力量，

---

① 本文是宋美龄在中国妇女抗战前线慰问团成立大会上的讲话。

来抵抗敌人的侵略。我们妇女也是国民一分子，虽然我们的地位能力和各人所能贡献的事项各有不同，但是各人要尽量地贡献她的力量来救国。什么地方有适合我们的工作，我们就得争先恐后地来担任。今日西班牙妇女，同男子一样站在火线上；欧洲大战的时候，各国的妇女都尽力帮助她们的国家，实现胜利。我们中国的女同胞，比起他国的姊妹们来，不论智力方面、体力方面，以及爱国的勇气与情绪方面，并不稍逊；这次战争，正是我们向世界表现的机会。你们今天在这里集合，已足够证明了你们已给高度的爱国情绪所鼓动，所以我无须再谆谆请求。

今天开会的意义，就是我们要团结一致组织起来，尽量提高我们的工作效率，连一丝一毫的能力、时间和金钱，都不要白费。为了这种目的的组织，大体上，我们必须有预定的规律和步骤，然后循序进行，才能达到成功的目标。在抗战期间，我们要用最经济的时间，来得到最大的成效。所以，我已经委托了几位拟具一些简单的工作大纲，并拟定了各种工作领导者的名单。我希望你们能接受我们所拟具的草案，并且要时时记在心头，我们的工作并非为了虚荣，乃是为了救援国家的生命。我希望大家都能实地地担任工作，出尽全力去做。打仗的时候男子都要上前线去杀敌，后方工作是我们的责任。我们须要鼓励男子，使他们知道我们有我们的方法来辅助他们，使他们无后顾之忧，并且我们也准备牺牲一切，就是我们的生命也能牺牲，来拥护我们前线的忠勇将士。我知道已有若干妇女团体开始组织，预备做我们要做的工作。我希望大家能联合在一个组织之下，使我们的力量更加雄厚，因为真的团结便是力量。我们永远不要忘记，前线将士的勇气，全靠后方的支持。还应该牢牢记着，国家最后胜利，无论延迟到哪一天，终久会达到的。总有一天，我们能扫清重重叠叠堆在我们日历上的国耻和湔涤数年来低首下心的耻辱。

告美国民众[①]

1937年9月12日

今天向美国人民演讲，很觉得难于措辞，因为最近在上海和附近各处，连续发生了不幸事件，使一部分美国和别国的侨民，丧失生命，遭受损伤，或感受其他的苦痛，这种悲惨的回忆，至今仍旧萦绕着我的胸臆。但请诸位相信，我和蒋委员长对于这种不幸事件都万分惋惜，并且与死者的家属，以及遭受损伤的人们同样地怀着悲感，尤其死伤者之中，还包含着我们私人的友朋。中国政府在可能范围之内，今后将竭尽所能，设法避免同类事件的发生。实则这种事件，倘非日本军阀把公共租界作为根据地，在上海发动战争，当然不会发生的。

中国近年以来，革新工作，一日千里，将自统一的中华民族中，蜕化出一个近代的国家来。可是日本军阀不愿我们如此，所以乘我们工作尚未完成之前，发动侵略的战争，多面袭击，肆意破坏。他

① 本文是宋美龄在国际电台发表的广播谈话。

们对于中外人士生命财产的安全，公然无所顾惜，我们看最近上海的实情，确是信而有征。无论什么地方，凡是日人群集的中国处所，他们都凭借了作为有计划地戕害中国人民的根据。他们所采的手段，有时利用军事动作，有时贩卖鸦片及其他毒品，来消沉我民族的志气，或者策动阴谋，来破坏我中央政府的威权。这种情形，任何侨居中国的美国人士，都能告诉你们的。

日本的军阀，不但欺骗本国人民，并且还欺骗全世界，他们寻觅了各种借口，来掩饰他们预定的阴谋。例如，最近公然诬称，中国方面曾经在他们的军队中，播散了霍乱病菌，所以将采取报复手段。试问日本军阀将采取哪一种的报复手段呢？施用毒气么？他的理由又在哪里呢？还是为了五周以来，不能像他们所夸言的那样，击中国使之屈膝么？日本军阀确曾利用了集中的海陆空军威力，和凭借了最新的武器，大炮与坦克车，来实现他们的野心，然而我军至今仍能奋勇抵抗，这或许是他们愤慨的原因吧。

就日本军阀目前在华的行动来观察，诸君当能明了日本军阀居心的险恶和残忍，依照着预定计划，进行数年以来无日不在准备的，征服中国的企图。为了达到这目的，即使完全歼灭我中国人民，也无所顾惜。所奇怪的是，列国竟都袖手旁观，完全没有考虑到制止的步骤，是不是日本军阀每日虚构事实的宣传，竟能使各国相信么？还是因为日本有催眠的技术，麻醉了世界的政治家呢？“这并非战争，只是一种事变”的日本咒语，似乎赋有蛊惑的魔力，驱使世界保守缄默。甚至 8 月 28 日日本首相近卫的宣言，声称日本意欲“鞭笞中国使之屈膝，不敢再有抗战精神”，似乎也不足惊醒世界，使他们感觉到这是正在进展中的漫天奇祸。

列强的签订《九国公约》，原欲避此巨劫，也为了特别保证中国的独立与完整，免受日本军阀的侵略。列强又曾订立《巴黎非战公约》，防遏战争，并且组设国联，用这双重的保障来制止侵略国家向弱国作无理的侵凌。奇怪的是，这些条约，今竟荡然不存，开历史未有的先例。更奇怪的是，积年累月逐渐形成的《战时国际法》，它复杂的结构，原是节制战时行为，保护非战斗人员的，竟也和这些条约同化了灰烬。所以我们今天重复回返到了弱肉强食的野蛮时代，不仅战士捐躯疆场，连他们的家属妇孺，也难幸免，这些都是日本军阀正在中国肆行无忌的行为。然而条约的崩溃，与夫 20 世纪重复发现这种大规模残杀无辜的惨剧，文明各国也不能无咎。在 1931 年日本军阀强夺东三省的时候，列国曾纵容他的开端，到了 1932 年，日本轰炸睡梦之中的上海闸北居民，列国实纵容他的继续。而现在呢，日本再度大举侵略，铁蹄差不多踏遍了中国全境，列国竟也熟视无睹。驯至日本军阀以为毁灭学校，摧毁文化机关，也可以到处自由行动，为所欲为。天津南开大学、河北女师及河北工业学院，既毁于炮火，日人尚不满足，还加了石油，把残余也烧成了灰烬。上海沪江大学毁于日本重炮和空军的弹雨，吴淞同济大学则荡然不存，南京中央大学、南昌保灵女校，也遭到日本飞机的轰炸。此外，南通美国教会医院，真如红十字会医院，以及其他若干红十字会的救护处所，更遭到故意的轰炸。日方飞机，并曾扫射英大使，同时还想用炸弹轰击他。而日本的外务大臣至今仍觍颜狡赖，说日本飞机绝不会有这种行为的。幸而英国陆军武官亲眼证明确系日机，否认日本政府这种谬妄的谰言。

在所谓冲突刚刚开始的时候，就有上述种种杀人毁物的暴行，那么，日本军阀正要进行他完全扫灭中国的恫吓，以后更将如何变本加厉呢？姑且不论将来的结局如何，但日本军阀决心消灭中国文物的暴行，业已开始。而若干年来美国在华辛勤缔造的宗教文化事业，同时也将受到这种野蛮的打击。美国的教会机关，曾获得美国人民的踊跃捐输，对于中国复兴，贡献很大，倘使听任日本军阀为所欲为，结果这种教会机关本身虽不完全毁灭，而他们的工作也一定要遭到惨痛的摧折，日本军阀正指斥这种机关是培植将来抵抗势力的处所呢。实则日本军阀对于外国势力非常嫉恨，无论它是文化的或是商务的，他们都想加以破坏，或作根本铲除，这种情形，现在海外各国，当更加明了了吧。

因此我对于旅华各国妇孺的安全，感到十分焦虑。我们中国人民，一向非常推崇各国教士在华的贡献。我为环境所逼迫，不得不援助他们短期内撤退的措施，所以衷心的苦痛是难于形容的！纵有少数外国人士，仍愿留着和我们共尝艰苦，但我们可以告诉欧美各国的侨民，中国政府对于逃避战祸者的运输问题，将竭尽所有的能力，无微不至地加以援助，务使他们达到海岸。保卫侨华外人，诚然是我们由衷的愿望，但是日本军阀今已封锁了中国的海岸，并且要求各国停止供给我们军火，而他们则仍可源源输入一切的杀人武器，如此，中国对于保卫本国人民，恐怕也不免发生问题了。这种蛮横的要求，当然是空前所未见的，我们希望世界各国不要接受它。日本的所以出此，似乎他对于控制世界的权力，尤其获得国际援助，使中国束手无策，这一点，自信有极大的把握。如今他公然宣言，要打击中国屈膝，置我们于死地，俨然自信世界上没有一个人敢持非议的，事实竟会如此吗？我不敢说，可是世界各国，倘使果真默许日本军阀这种疯狂的屠杀和蛮性的摧残，那么人类文化，已到临末日了。

中国一向是被认为怯懦无能的，军事上也没有充分的准备，然而如今已决定放弃以前的容忍政策，不再忍受暴敌的侵略残杀和无理侮辱，全国奋起，为了国家的生存而从事抗战。

在这抗战声中，我愿意特别称道海外爱国同胞的忠诚赞助，这将是我国最后胜利的一大因素。因此我代表蒋委员长，向海外侨胞，申谢他们的慷慨捐输，并且保证我们将用所有的能力，来作捍卫疆土的奋斗，务求不辜负他们合作鼓励的美意。同时我还要感谢友邦人士同情的表示和精神的鼓舞，这实在给了我们无上的激励。这种同情是必要的，我们正须仰仗着世界各国的智慧与公平，使日本军阀朝夕孜孜所散播的荒诞流言，对于世界及中国，不致发生不良的影响；并且还希望我们的主张和努力，得到中国素所信守与维护的条约的援助。

日本军阀，早已昭示世界，对于国际信用，悍然不顾，并且把从前武士道的高尚精神，委弃无遗，武士的尊荣，也跟着扫地以尽。在世人瞩目之下，做出种种恶行，自己却一些不以为羞耻。原因在哪里呢？无疑地他们自信世界列强不敢反对，所以日本的军阀，努力进行他们的征服计划，自信可以灭亡中国，到相当时期，还可排除一切西方文化的和商务的势力。所以，若使我们中国人不能阻遏他，恐怕他们将在中国的焦土之上，建立一个扰乱世界的大陆日本帝国，他们既把国际道义，摧毁无余，以后自然完全拿武力来作为建国的根据了。日本军阀的居心，至少想宰割东方各国，然后更进一步操纵国际的行动与政策。

日本军阀抱了这种恣肆的野心，那么他公然责问中国，为何胆敢抗战，还有什么奇怪呢？日本首相近卫的责难，也是势所必然的了。从前中国委曲求全，世界各国，往往诧异我国为何不从事抵抗，现在中国已开始抗战了。我们的抗战，不仅为了国家的主权、民族的生存，也为了维护国际条约的尊严，而各国反坐视着他们在华权益的横被摧残，在华侨民的被迫流亡，岂非怪事。各国采取这种畏葸懦怯的态度，在日本军人看来，认为是一种可欣幸的鼓励，因为他们以为欧美在远东的威望，已经毫不费力地给日本军阀扫荡无遗了。

可是在我们，不得不发生怀疑，这是文化崩溃的征兆吗？请看日本的飞机，到处翱翔，躲避在黄浦江中的兵舰，亘延数十里，他们用整批的炸弹、大炮、机关枪屠杀中国无数的民众。请看家室市廛，有的焚毁于野蛮的火焰，有的被炸而化为灰烬，请看血流成渠，积尸遍野；请看盈千累万的中外难民，惊骇呼号，仓皇逃避，想苟全他们的生命。确确实实有千万的中国妇孺，家宅沦亡，无衣无食，除了孑然一身之外，一无所有。当他们想逃出上海这恐怖圈子的时候，请看吧，多么惨痛的飞来横祸，又降临到了他们的身上。数天以前，有几千难民麇集在上海南站，候车离沪，空中忽然飞来了日本的飞机，恣意地丢着炸弹，结果有二百无辜人民，血肉横飞，受伤的也在四百人以上。那车站的附近，并没有兵士，这种惊人的惨杀，绝无理由。《字林西报》是英人在远东所办的领袖报纸，它的主笔对于这种野蛮行为，大声疾呼地说：“是一种肆意戕贼人类的罪恶，超越想象的残酷。”只隔了几天以后，许多难民，乘车离沪，在距上海若干英里的松江车站，也遭到同样的袭击，于是又有三百多人粉身碎骨，同归于尽，另有数百人，身罹重伤，车上连一个兵士都没有。《大美晚报》是美人在远东所办的重要报纸，它的社论，对于第一次暴行，斥为“故意杀人”，到第二次暴行发生，又抨击谓“这种凶恶的行为，在字典中简直找不到一个适当的形容词”。距上海不远的常熟，那里也绝无军队，但在 8 月 23 日，日本轰炸机也飞到了，先在繁盛街市的一边，用机枪扫射人民，并以炸弹轰炸民房和商铺，然后再飞往另一边，干着同样恶毒的工作，直到死伤枕藉，街市为墟而止。这种惨杀，目下正在我国进行，将来在他们强占的海岛上，或在上海日人郊球场上筑就了飞机场之后，那么惨杀的程度，还不知道要怎样的剧烈?!

请告诉我，西方各国坐视着这样的残杀和破坏，噤无一词，是不是可以算作讲求人道，注重品德，尊向仁义，信仰耶稣文明的胜利征象呢？再则，现在第一等强国，袖手旁观，好像震慑于日本的暴力，至不敢出一语相诋评，是不是可以看作国际道德、耶稣道德，或所谓西方优美道德坠落的先声呢？如果西方各国，对于上述种种，漠不关心，对于所缔结的条约，轻于放弃，那还有什么可说。我们历年来负着懦怯恶名，埋头苦干的中国人，将尽我们力之所至，抵抗到底。我们将奋斗到最后的胜利，或最后的惨败。纵使大好河山，悠远历史，都涂染了鲜红的血液，或毁灭在猛烈的火焰之中，亦所不惜。

诸位，你们在无线电中，或许可以听到大炮的声音，然而这里垂死者弥留的呻吟、受伤者苦痛的叫喊，以及房屋倒塌的声响，我虽希望你们能想象得到，但是听不见的。那些流离无定、惊惶失措、无家可归的大批人民，他们的苦难，他们的饥饿，以及慈母悲悼她爱子的眼泪，家室被烧时的黑烟与火焰，种种凄绝人世的境况，你们又哪里看得见呢？

再会吧，诸君。

1939 年妇女节演讲

1939 年 3 月 8 日

各位同胞：

今天我们开会纪念“三八节”。这个“三八节”，决定为国际妇女节，是 1909 年在丹麦京城开会时所决定的，到今天恰恰三十年了，所以今天是“三八节”的三十周年纪念日，我们中华民国的妇女们，在敌寇侵略国家艰苦的今天，在一面抗战一面建国的今天，来举行这一个重要的纪念，我们每一个人的心中，必然有一种特殊的感想。

“三八节”的意义，正如各位所周知，是在求得女子的解放，但是所谓“女子解放”，不仅是解放了就算了，是要由我女界同胞的努力，增进我们民族的地位，要使民族生活受到女子的影响，因而提高它的精神、物质两方面的标准，使大多数乃至全体的同胞，都得到独立自由平等的幸福。我们要认识女子解放，不能单单当作一种权利看，应该当着一种责任看，我们为什么要求女子解放，为的是要负起我们女子的责任，换一句话说，我们要真正求得女子的解放，首先就要我们先能负起责任。

我们总理孙先生在民国十三年演讲，有几句很重要的话，他说："革命不能成功的原因，就是个人争自由，忘记了国家的自由，要晓得国家没有自由，个人就不能自由。"这是十分真确的道理。我们今天来谈女子解放，也要晓得国家没有解放，我们全国的女子就得不到真正的解放，我们国家今天受敌人这样的欺侮侵略，整个民族处在暴力重压之下，全国同胞流离痛苦，我们不先把这个危急的国家扶救起来，我们四亿五千万人无分男女，都要做亡国的奴隶，更从何处谈女子的解放，更向何人去要求女子的解放？

我常常说：女子解放，要看我们女子本身的努力，如果我们女子的知识能力，有不断的进步，我们女子对于国家民族和世界人类有确实的贡献，女子的地位，就自然而然地提高。现在或者有人以为女子参与政治，是求得女子解放的第一步，这句话也许是对的，现代的国家，都不能否认女子要有参政权，可是女子解放真正的意义，并不是只求得女界少数人得到政治上和经济上的地位，乃是要解放大多数妇女的痛苦，改善大多数女同胞的生活，从教育和组织着手，来增进妇女的能力，提高妇女的地位。而且实际说来，只讲妇女解放还不够，还要用我们妇女的力量，来达到全民族同胞的解放，才算尽了我们的责任。

今天到会的有许多妇女团体的代表，有知识界的妇女，有职业界的妇女，也有劳动界的妇女。我们这些人，在两亿几千万女同胞中，算是比较有能力、有地位的，虽不能说是先知先觉，至少是在水平以上，我们得想想我们该怎么样才不辜负我们自身的知识与能力呢？我们该怎么样才不辜负我们所受的教育和训练呢？该怎么样才对得起我们的国家民族和我们所处的时代呢？尤其重要的，我们这许多妇女团体，该拿怎么样的态度来对一般同胞有所贡献呢？

我举一个故事，来告诉大家。记得荷兰女皇维廉海娜幼小的时候，她的父亲已经去世了，有一天过十岁的生日，她的母亲为她举行庆贺，就有成千成万的男女民众到皇宫来祝贺她。幼年的女皇，看见这种热烈的景象，高兴极了，感动极了，就问她的母亲："这些民众是不是属于我的呢？"她的母亲说："不是的，不是他们属于你的，而是你属于他们的。"我愿今天到会的女同胞们，也要认识，我们是属于民众的，不是民众属于我们的，我们做一切活动的时候，切不可自认为我们可支配民众，而要自认为是民众的仆役，我们要接近民众，深入民众中间，诚心诚意地为同胞服务，去教育他们，扶助他们，解放他们的痛苦，创造他们的幸福。

在现在这个非常时期，国家和国民的祸福利害是一致的。我们若不能求得抗战胜利，我们民众就不能生存；我们建国若不成功，我们任何人就没有一些幸福。今天我们女界同胞，各人都要量自己知识能力的大小，定责任的轻重，谁的知识能力越大，责任就越重，我们要有热情、有毅力、有办法，更要有组织，去担任种种有关抗战的工作。我们要提倡节约，劝导生产，推进社会教育，主持救济事业，鼓励从军杀敌，协助抗战宣传，凡是有益于抗战建国的工作，男子能担当的，我们也要当仁不让地担当起来。尤其重要的，而且是多数女子都能做的，我以为无过于安慰出征军人家属和协助出征军人家属，我们要经常慰问前线将士和阵亡将士的家族，使他们精神上得到安慰。我们还要扶助他们能够自立，譬如举办小工业，组织手工业，传授农业生产技术，帮助组织合作社等等，使他们经济和生活不发生困难。并且帮助他们解决子女教育的问题，这样出征军人们没有后顾之忧，一班同胞们就可以踊跃应征上前线，我们兵役问题有了顺利推行的办法，抗战就一定胜利，国家就得到保障。

我相信以我们女界的精神，对于抗战一定能贡献很大的助力的，只要看星期日女界献金的成绩，就可以使我们有确实的自信，女界献金为什么能有这样的成绩呢？完全由于我们有组织，能团结，也有坚忍刻苦的精神。我们女界能够一致动员，不分彼此，把或多或少、或大或小的力量，一齐贡献出来，才有这样的成绩。但我以为我们的工作多得很，不一定件件都要有表面显著的成绩，我们的工作，只是发动我们的爱国的天良和责任，我们应该不希望夸耀，不希望赞扬，也不需要鼓励，而埋头努力于更切实的工作，越是不求人知的工作，功效是越大，我们从艰苦踏实的工作中去做无名的英雄，不求个人的荣誉，而以群策群力，求得国家民族的荣誉。这样我们必定能够从实际工作中提高我们女子的地位，达到我们最崇高的目的。

各位同胞，我们这次抗战，是正义和暴力的战争，是民族存亡的开头，也是国家复兴的序幕。我们现在应该一切不问，一切不顾，专心一致地求得抗战的胜利。我们要知道，正义公理是属于我们的，世界上全人类的同情是属于我们的，我举个例子来证明：第一件，我提出给各位看一件宝贵的赠品，这是一位印度女子，从她的身上解下来的，她说：她对日本军阀强盗的残暴，怀着极深的痛恨；对我们中国抗战，起无限的同情；对我们中国女同胞努力抗战工作，是万分的感动。她没有什么可以表示，就把她仅有的财产，也是她身上一刻不离的饰物解了下来，捐赠给中国。我请各位看看，在这一串环链上，是寄托着多少的深情。第二件，是我接到一位美国盲目女童的来信，还附赠金元一枚。她信上说，她是一个不幸的女子，但她听到中国受敌人蹂躏如此残酷，中国男女儿童的痛苦是这样的深，她对于敌人对中国残酷的行为，都能了解，并不盲目，她觉得她再不应该自怨不幸，她表示惭愧，她又表示对中国女同胞从事抗战的勇敢，感到无限的兴奋。这一封信和来自万里以外的一枚金元，真足以使我们感动。第三件，是我们接到另外一位外国女子的来信，她说她的未婚夫和朋友出游，不幸死了。她自己患着半身不遂的病症。但为了正义人道观念的驱使，对中日战争十分地关心，天天要看报，天天祝祷中国胜利。医生怕她多受刺激，甚至不许她看报，她自己不能写信，只好托她的朋友代写这封信，希望我们中国同胞能持久努力，求得最后胜利。各位要知道，我近来所接到国外的来信，一天总有好几封，上面不过随便举几个例子，我们看万里以外的异国友人，尚且如此，我们都是中华民族女儿，更应该如何勉励自己，鞭策自己，来救起我们的国家，求得我们国家民族的解放呢？以我们自身的牺牲奋斗，求得国家的解放和二亿几千万女同胞真正的解放，我十分确信是一定能达到我们的志愿的。我愿今天到会的女同胞们，立定决心，向前奋斗，为世界妇女运动史上写上最光荣的一页。

在儿童保育院院长会议上的讲话

1939年10月20日

这一次集合我们全国儿童保育院院长来此开会，各位都不远千里而来，实在是难得的机会。在开会期间我们不但要交换工作经验，讨论改进办法，而且我认为如此聚首一堂，在我们本身，也不啻是一种实际的训练，人的才能发展是无止境的，工作的不断改良也是如此，我们要明了不进步就要退步的道理，我相信大家一定能以客观的态度和无我的精神检讨过去工作的缺点，尽量研究如何更求进步的办法，使我们今后能尽到更多的贡献。我们是为了爱国而担任这种工作的，这不仅是一种事业或职业，而是一种神圣的使命。我们对于国家，对于国内外捐资赞助的人士，对于受我们保育的儿童，都负有很大的责任。我们怎么样陶冶这些儿童们，使成为国家健全的国民，这必然是各位心中要解答的一个主题。我现在就个人所见，提出下面三点的意见以供各位的参考。

第一，我们必须注意儿童的健康和生活习惯。我们要养成健全的国民，首先要使他们有强健的身体；对于儿童保育院的卫生和清洁，是我们要特别注意的。每一儿童的饮食衣着起居作息，都要我们予以周到的注意，病童的看护、疾疫的预防、蚊蝇的驱除和隔离、餐堂和居室的整齐清洁，都要必须用科学的头脑，想尽方法，使做到尽善尽美。这并不是说要如何讲究、如何华美，但是必须随时随地细心督察，例如我们若干院内设有纱窗和纱门，如果任其有小小空隙或破漏而不加修补，就等于没有设备一样，其他都可依此类推。除此以外，我们更须注意儿童的生活习惯，必须使他们过整齐而有规律的集体生活，养成他们知礼义、守秩序、能亲爱、能互助的习惯。中国有一句古语，叫作“少成若天性”，我们集合这些难童使在战争中成长，不是一件容易的事情；所以要特别留心教导，从幼小时候养成他们良好的习惯，使之具备现代国民的基础。

第二，我们要培养儿童的人格和启发儿童的义务观念，我们必须要使受保育的儿童们能自爱自立，具备高尚的人格，富有牺牲的精神，屏绝他们的倨傲心和依赖性。关于这一点，我们要矫正若干错误的观念：当然儿童是天真可爱的，但我们决不要以姑息放任为爱，而要严正地训练他们，指引他们，就是在谈话时，也切不可以于无意中养成他们傲慢的心理。譬如我们说儿童是国家未来的主人翁，就要使他们知道首先应尽到国民的责任，而不是教他们享权利。在我们艰苦抗战以求复兴国家，没有一个人谈得上享权利，如果有一个儿童自以为是保育院的院童，以为应该享受优待的，这就是我们教育的失败。我们要教导这些儿童们能劳动、能创造、能贡献、能为保卫国家民族和拯救同胞困苦而牺牲，才是我们教育和训练的要旨。

第三，我们要使儿童们知道国家困苦和物力艰难，要他们特别刻苦和俭约。我们现在保育了二万个儿童，每月经费二十五万元，除国家补助大约四分之一以外，大部分都是辛辛劳劳捐募得来的。这些捐款来自热心赞助我们的外国人士，来自我们在海外勤苦做工的侨胞，也有国内外儿童们，以自己劳力和贩卖所得而捐助的，这中间出钱的多不是有钱的人，尽有许多可歌可泣的故事，我不必一一列举。我们主持保育院的同人，必须使儿童们知一粥一饭来处不易，要他们能感激知恩，长大了必须努力图报。我们持久抗战，国家财政，一天天地艰难，而我们保育儿童的事业，仍必须维持下去，这就要院内儿童们能够特别刻苦，特别俭约，要爱惜公物，不要浪费公物，要自己能劳动来弥补缺乏，不要事事仰仗公家，倚靠捐助，而视为当然应享的权利。要知道中国境内还有几十万、几百万流离困苦的儿童，哪里能人人过保育院这样的生活，所以一切应该习于简陋，自知勤苦，一切设备能利用废物的就该尽量利用，能使用自己劳力来生产的，就要尽量生产。世上唯有生在苦难之中，而不知国家民族同胞困苦的人，是最没有价值的人，唯有愈困苦愈奋斗，立志牺牲自己，爱护国家，救助同胞的人，才是有出息、有希望的人；我们主持保育院的同人们，必须使儿童认识这一个意义。

以上三点意义很平常，但是非常重要。我们在国家遭受如此侵略蹂躏中间来保护国家未来生命的儿童，培养民族新生的幼苗，这个使命是最神圣的。从战争火焰中，必须锻炼出特别精粹的国民，而后国家始有丰富的前途，战时教育的着眼点在此，儿童保育院的工作重心，尤其应该注重于此。我们今天在座的各位，若不是为爱国心所驱使断不会热心从事这种辛苦重大的工作，所以对于诸位的辛劳和努力，我不必提出特别感激的话，我只诚恳希望我们中国妇女，在抗战中已贡献的成绩一天天发扬光大。我们看最近英法各国开战时，不论贵族富家，以及一般社会千千万万的妇女，都离开安适的家庭，不待督促劝导，来为国家服务。便是在香港的英籍妇女，一听到战事，应征服务的立刻就有三千人。我们中国女同胞的爱国心，当然不后于他人，当然要各尽所能，加倍努力，对国家作最大的贡献。

最后我要举一个有名的譬喻，做这篇演讲的结束：某家有一个小孩，他的母亲为要给他一个实际的教训，故意给他一杯没有加糖的茶，小孩子饮茶时，觉得茶味不好，用茶匙来调了许久，再尝尝茶味，仍然不好，如此再三地调来调去，还依然的不好吃，怪问他的母亲，母亲回答说："啊！我忘记搁糖了，所以凭你怎么调，也生不出好味来。"这就是说我们任何工作，最主要的是要有服务精神，如果缺乏了服务精神，凭你怎样努力，看去似乎忙碌，实际也必无成效的。服务精神就是热烈和坚忍，凭着热烈、坚忍的勇气和热忱，一切工作困难，自然会得到解决，而且最后必能得到最大的成功。我愿我所敬爱的同人们，大家一致提高我们的服务精神。

对美国的广播讲话

1940年4月18日

美国的朋友，祝你们早安。我只用几分钟的时间对孔夫人的话补充几句，我所说的话，是要请一切爱好自由的人们知道中国的应该立刻得到正义的援助，这是中国的权利。中国为了正义，已经经过了将近三年的流血和困苦的奋斗，我们请你们制定美国法律的国会议员，对下列两件事，必须做到一件，或者是对于侵略不再表示恐惧，或者停止鼓励侵略的行动，也就是对日禁运汽油、煤油以及其他战争原料。

我们并不是没有放弃战斗的可能，但我们仍旧在这样困苦的情形之下，不怕挫折，为着自由而继续抗战。我不知道贵国的国会议员曾否想到，万一中国被日本军阀的武力征服了将发生何等的情形。结果是很明显的。日本军阀将保有它完满的海陆空军实力，并且可以利用了中国的领土、人力和资源，来和民主国家为难，日本军阀曾给民主国家以强大的打击，抢夺印度支那、缅甸、马来群岛、荷属东印度、澳洲和纽西兰等地，日本军阀也许不会占领菲律宾，它相信只要它不侵犯到美国的领土，不论美国国民作何感想，美国国会议员是不会采取反抗日本军阀的步骤的。可是它能够整个地控制太平洋，攫夺了那些地方所有的资源，让它去支配，这样它就不再需要美国这个市场，不必向美国购买汽油、煤油，以及其他的东西。这几年来理应急剧崩溃的民主主义，由于中国的坚强抵抗与牺牲而得以避免了。若果美国继续帮助日本军阀，竟使日本军阀在东方逞它的野心，那么事态的开展，就不堪闻问了。

假使不幸而发生这种情形，一定有更可怕的结果！据说日本的海军，正在疯狂地加以扩充，秘密建造了几条大型的战舰，一有机会，它侵占荷属东印度是很容易的举动。日本军阀如存心为此，机会是一定有的，它幸灾乐祸地预料荷兰会牵入欧战的旋涡，你们就可以看得出它的用心，你们并可以明白它那种无法隐藏的阻止列强保护南洋群岛的计划，苟日本军阀的阴谋得逞那就是它更进一步地完成了“田中奏折”中所预定的野心。如果列强不认识援助中国抗战的重要，日本是有获得这种侥幸收获的可能，由于我们的抵抗日本军阀侵略，我们已把它的军队牵制在中国的泥沼之中，而使它动弹不得，只要能给我们以正义的同情，到相当时期，一定能使他们完全失败，然后它就根本不能助长人类的祸患，摧残民主主义和人道正义来扰乱世界的安宁。那时节，世人将会公认我们的功绩对于整个人类是怎样珍贵的贡献，问题只在能不能对我们表示正义的同情，这个问题只能让美国人民、美国国会议员给我们一个答复。炸弹的爆炸声，虽使中国的同胞震耳欲聋，但是仍旧渴望着听一听贵国方面的复答。

对英广播谈话

1941年4月28日

英国的朋友们：

在我们抵抗日本军阀侵略的过程中，你们给予我中国以同情与援助，我今天得有机会向诸位发表谈话，且略申我全国同胞感谢的悃忱，实在觉得欣幸。

救济中国灾难的英国捐款，从前称为“梅易爵士救济金”，这种援助一向鼓励了我们争取自由的战斗。我们知道，英国也在艰苦地从事于生死的搏斗，可是英国人士仍旧尽力之所及继续支援着我们，我们中国人历来是受惠勿忘的民族，对于英国这种友谊的表示，自然永远不会忘记。

今天约我播的讲题是关于我国的救济事业。四年来的战争，使五六千万的中国同胞成了难民，其中一部分已经暂时得到安顿，一部分仍旧流离失所，非至战事结束得不到安定的生活；可是他们宁愿忍受目下这种困厄与艰辛，决不愿做日本人统治下的奴隶。

敌机一再轰炸我们后方不设防的城市村镇，以去年6月间的重庆来说，两天的连续空袭，就使七万市民无家可归。整个夏季中，天气晴朗的白天，月光清明的夜晚，日本飞机是莫有不来轰炸的，到冬天，重庆只剩了颓垣残础，一片荒凉；但今天你若到重庆来看一看，你知道你会得到什么样的印象？临时性质的简易房屋，其兴建之速，有如雨后春笋，这如何可能？因为中国精神不知道有失败两字，那些遗劫的商人们，在敌人投弹纵火的地方，不待烟消灰冷就拮据经营，建筑起小屋，来重整旧业。

有许多组织如新生活运动会、教会团体以及各种合作社，在政府的领导之下，帮助被灾的市民，成绩非常优良。我们并不把被灾同胞视为怜悯的对象，但觉得他们是值得尊敬的爱国国民，是生产事业中的活跃分子。

赈济委员会经营着十七个手工艺及轻工业的工厂，并且积极推行若干开垦计划，已有六十三万的难民安排在垦荒工作之上。1938年敌人炸毁了黄河的堤岸，葬送了二十几万同胞的生命，现在也正有许多难民，从事于修堤的工作。

战事爆发之初，我国只有六千名注册医师，军队里面就至少需要五万名军医，医药用品也同样感到供求相差的悬殊。所以英国朋友们由国际红十字会及中国红十字会所供给我们的医生与医药器材，我军民双方都受到无量的利益。

到这里，我要顺便提一下我国妇女对于抗战的重要贡献。中国妇女慰劳总会四年来募集的医药用品及医药救济金不下五千万元。

前线及后方医院的工作人员多数是自动义务参加的，他们欣然牺牲了生活舒适，为国家服务。

我们从战区救出的二万五千名难童，也正施以教养，希望他们在慈祥的保育之下，渐渐忘记过去的惨痛经验，恢复他们在儿童时代应有的快乐和天真。如果我们有充足的工具与设备，也许所救援的难童还不止此数。

我最后还有一句话，世界上没有每战必胜的军队，也没有每地必胜的军队。只要一国的士气不衰，人民的意志不摇，一定能获得最后胜利。你们可以断然相信：在正义尚未重申之日，中国决不会放下它的武器来。只要如此，我们就可以告慰那些作崇高牺牲的同志们的英灵。

我们希望你们能感觉到：我们的奋斗与英国的奋斗，精神上、事实上都为了同一目标。

因为我们四年来亲身体验了恐怖、惨痛、残暴的被侵略况味，所以我们同情你们目前的苦难，比任何民族都要更深切。为民主主义英勇奋斗的英国朋友们，我们中国对于你们谨表无限的同情、无限的钦敬。

中国妇女慰劳总会四周年贺词

1941 年 8 月 1 日

今天我们在这里集会庆祝中国妇女慰劳总会成立的四周年纪念日，各位到这里来，想必希望我能向诸位说几句话，对大家的工作有所贡献和鼓励。我在这四年来，向诸位恳切陈辞不止一次，今天所要说的实在也不外这些已经反复陈述的意见。我今天虽没有什么新颖的意思可以陈述，但我并不以为我过去所说的话已经失去价值，不值得再提——真理和事实是永久不变的，虚伪的道理也许能蒙蔽一时，但不久就会被人发现它的不可信了；若以虚伪的话反复陈述，结果自然只有引人讪笑，然而真理是不惮复述的，复述的次数愈多，愈能光大其意义，增加其价值，而且足以引起我们对于若干已忽略了的要点，再能加以注意。

几点真理和事实

因此我要郑重向诸位重复申述以前曾经说过的几点真理和事实：

第一本会的会员在过去确实已做了不少的爱国工作，这是实在的；其次，在这个国家艰难的时会，要知道空言无益，唯有实际的工作，才能与侵略我们的恶势力相搏斗，这又是实在的；至于我们的胜利已在目前，这也是实在的；可是我们必须注意，我们对于既定的目标，若不继续努力，我们的胜利恐将要功败垂成，这更是千真万确的。这些都是颠扑不破的真理、历久不渝的事实。各位热心工作，目的当然不在博得别人的称誉，可是诸位虽不求虚名，却不期然而然地各方面都在感佩颂扬你们，这也许是诸位知道了很可觉得安慰的吧。各位在伤兵医院的救死扶伤的工作，对于空袭被难同胞的救济与抚慰，对于出征军人家属的种种照顾与帮助，在在表示你们的自我牺牲精神，你们这种仁爱慈悲的义举，不仅为本国同胞所一致感佩，而且为举世人类树立了一种临难不苟、舍身救人的模范。

发挥我们民族精神

我们在这困苦艰辛的危难时期，各位同人乃至我国一般同胞，究竟靠什么力量来支持我们的抗战呢？我们毕竟是普通的人类，我们身体忍受苦难的力量毕竟是有一定的限度，而且我们所受的困苦是世界上受难人民所少见的，这只有上帝能知道。然而我们终于能始终坚忍不夺不摇，这就是因为身体的忍耐力虽然有限度，而我们内在的民族精神力量，却是无穷无尽的。这种精神力量，使我们忍受了显然不能忍受的痛苦，负荷了显然不能负荷的重担；而且这种精神力量，使我们从悲惨失望、疑虑徘徊的黯云里面，看见了信仰与希望的光芒，我们坚信中国是为了正义而奋斗，坚信我们这个大国必有其光明的前途。这种信念，使我们稳渡目前的难关，也将继续鼓励我们、支持我们，以承接光明的到来；这种信念，点燃起一种永不熄灭的火焰，蕴蓄着坚毅勇敢的热力，这一火焰在任何环境之下，都将放着灿烂的光辉，在过去困顿的几年之中，这火焰在我们大家心中，毫不间断地燃烧着，而当我们一步一步在奋斗过程中前进的时候，它仍将继续供给我们以新的力量与新的生命。

安顿残废军人

本年的工作计划我特别向各位建议，要尽可能地注重于残废军人的安顿，我们要使他们有安适的生活、快乐的家室，要使他们自身及他们的家属准备生产事业，这样方能使这些有大功于国的战士，得到新的生活、新的工作，使他们的生活，能够自足自给，以使他们更觉得自己的功绩可尊可敬。他们对我们民族的贡献，实在是太大了，国家要求每一个同胞都有牺牲的勇气与决心，而士兵是首当其冲的牺牲者，因此给他们安排，使他们适应新环境，非但是我们的责任，也是我们光荣的义务。这些志士曾经出生入死乃至牺牲肢体，抵御敌寇，来保卫祖国，因之在我们建设新中国大业中，也必须使他们有贡献的机会。此项工作，必须先有精密的计划，我已请本会的总干事准备计划大纲，以便下一次开会时提出讨论。

鼓励起信心和热诚

我此刻又要回到刚才曾经谈过的问题了，就是我从许多方面接到不少祝贺的信件，赞慕中国妇女卓越的爱国工作，我们决不要因这种称誉而自诩自满，但我们可以借此更鼓励起信心和热诚，知道外界已有人承认，中国对于战后的人类，更有具体而永久的贡献。我们对于海内外这种普遍的称誉，觉得很感激很欣幸，可是不能让这些称誉来影响我们的工作，重要的是我们实际究竟怎么样，并不是别人心目中所见到的我们怎么样。这一点，我们必须切记在心，我们切不可随着赞美或诽谤而对于自己工作摇摆不定。我们相信，我们的目的是正确的，我们的行动是光明的，我们应当永远固守着我们既定方针。普遍的称誉，在我们稍感疲乏的时候，也许可以当着暖炉一样，借此稍稍温暖一下我们的身体，振刷我们的精神，但切不可把它看成我们努力战斗争取胜利所必不可缺的武器。我们所受的困苦很大，但这种困苦，并不是没有代价的，凡是信奉人类自由的人们，不流血汗就不能有什么成就。我们应当牢记在心，过去的苦难，使我们的国家兴盛强大，巍然独立于天壤之间，而将来要造成合乎人道的世界秩序，也必赖这种克服艰苦的能力，让我们拿这个思想来磨洗我们的精神，砥砺我们的工作，使之焕然一新。

中国将回到安全境界

假使一个人在马路上跌了一跤，至多是损伤肢体；如果一个人自悬崖下堕，就要丧失生命。中国过去的形势已将近悬崖，但由于全国力量的团结、信念的一致与奋斗精神的坚毅，已经把国家支持住了。不久，我们的国家就将回到平稳的、安全的境界，自助自强，必然独立，准备在国际社会上接受我们应有的地位。我对各位有最大的信心，相信在没有把敌人逐退以前，在我们广大的领土以内，尚有一角一隅没有恢复自由以前，我们大家必定能够不屈不挠而有目的地继续我们的努力。让我们抱定了这个决心，昂然地携手前进。

向十四航空队及其附属单位的致辞

1941 年

我知道你们大家如何渴望返国，并且希望我来和你们说几句话。因为你们不久就要回到故乡与家人团聚，我和你们一样觉得快慰，但朋友离别所必然引起的惆怅，则又使我在快慰中为之惘然了。

你们离开战区，并非你们职责的结束。世界各战场的英雄事迹，固已带来胜利，但是胜利的果实，则犹有待争取。以维护世界民主为宗旨的第一次世界大战结束的时候，多少青年军人的希望很悲惨地幻灭了。他们曾和你们今日一样，从事过战斗，也赢得过胜利。他们发现民主与集体安全，也就是胜利最丰硕的果实，早已自他们的掌握中溜走了。因此，他们觉得异常悲愤。

你们万不可让第二次世界大战的后果，给你们带来希望的幻灭，你们能够阻止这样的后果。世界和平的理想，有值得奋力争取的价值，甚至在必要时，还有值得牺牲生命以求其实现的价值，这已由全世界的青年们予以证明了；但是仅仅卸除戎装重拾平民生活，非独不能创建抑且不能维系世界和平。因此，不论你们平民生活的方式如何，必须保持这种良好的战斗精神，因为战士们回到故乡之后，其主张最能影响舆论并左右立法机关。

第十四航空队来到中国的时候，发现他们就是飞虎队所留下友谊遗产的受惠者。同时他们也遗下一个为你们所维护的冒险犯难的英勇传统。但是中美两国的友谊，自以快速风帆载着中国茶叶，冒着惊涛骇浪，横越太平洋，远销美国市场以来，已有一百多年的历史。后又于1868年，中国派遣一个类似周游列国的亲善访问团去向西方解释中国的时候，竟遴选了一位叫作安森·伯林翰（Anson Budingham）的美国人作为访问团的领袖。他虽然有两个同事是中国人，但他却是该团的负责人。我想一个国家很审慎地遴选一个外国人来代它向世界解释，历史上很少找到这样的事例。

一般说来，美国人对于中国发生兴趣的，也许可以分为三类：一类是向往中国艺术与文化的美国人；一类是认为中国处处是苦力和农民的美国人；另一类是对于中国毫无所知而完全惑于在其周遭所见的美国人。如果你们中间过去有属于以上三类的人，我相信现在已经了解了一个真正的事实，即中国人是一个具有各种不同分子的广大民族，他们有良好的美德，也有种种的邪恶，他们有优点，也有缺点，同时他们也有难以形容的渴望，追求那些指导其他民族的思想，影响其他民族的行为的各种良好精神。

现在，你们亲自看见中国了。你们看见了中国学者、艺术家和工人阶级的特质，你们也看见了他们在艰苦奋斗中不屈不挠、忍让乐观的精神，同时我相信你们对于这些特质与精神，都已有了同情的了解。中国所要求的，只是一个不受干扰而能与现代各国并驾齐驱的机会。你们对于那些仅凭道听途说来认识中国的人们，必能告诉他们中国人具有一切伟大的潜力。中国的情形，决不可以西方的标准来遽作判断。这不是说你们看到了战时中国的若干部分，便可能成为了解中国一切的专家，或已能洞悉中国复杂社会的本质，而是说你们所了解的情形，足以鼓励你们切实研究中国，以及中国与世界安全的密切关系。我以十二万分的至诚，希望你们将来都是中国的挚友。但凡一个人在某一地方住过，他就会受到当地的影响，反过来说，他在有意或无意之中，也会影响当地的情形。正因如此，所以才有世界同情与友爱的产生。在某种意义方面说，你们只了解了一切情形的皮毛，而且我知道许多人尚未发现他们所需要和意想中的中国。就物质方面说，我知道你们未曾得到舒适，但在我们作生死存亡决斗的时候，物质享受并不重要。如果你们忽视这些次要的事物，了解中国何以能在最悠久、最残酷的现代战争中，始终保持她坚忍不拔的战志，那么，你们就足能向你们的本国人民解释中国。这样，你们不但对于你们自己的国家，做了一个重大的贡献；同时对于中国，也帮了一个大忙。鲁斯金曾经说过：“识别民族之道有三，曰文化、勋业、思想而已。”你们留住在我们中国的期间，已于不知不觉中吸收了有关这三者的若干知识。

我愿意向诸位再说一次，我敦劝你们负起避免希望幻灭的神圣任务，因为你们如果心灰意懒，你们就不能于重返平民生活之后，肩负起你们所面临的各种任务。在崎岖的和平道上，你们应该英勇地负起你们的责任，正如你们在艰苦作战中执行你们的任务一样。

我在美国的时候，看见在各线作战官兵的家属，她们都有无限的焦虑，她们不知道男人们会变成怎样的情形，也不知道他们是否能重过正常的生活，我相信你们自己也曾这样怀疑过。要知道生活本身就是继续不断的调整，你们业已获得更大的经验，同时也度过更多的困难，这一事实必定会使你们的生活更为丰富，使你们能够正确了解如何重新调整比较次要的问题。

在我结束之前，我愿再度强调一点，就是我们大家的责任，并未因大战终了而告结束。我们大家已经知道，世界的和平不仅系于物质和科学的进步，尤须有赖于各国人民高尚的理想。倘使仅凭物质上的进步即可获致人类的福祉，问题便比较简单了，但物质进步只是一个不可或缺的资金，而不是一个最重要的因素。世界和平最重要的因素，就是将重点放在精神价值上面。我所谓精神价值，不仅对于我们自己须有公平和正义的精神，而且还须有维护各个民族的精神。

行动的忠实、英勇和坚定，已使我们赢得战争的胜利。行动的忠实、英勇和坚定，亦必能使我们赢得和平的胜利。

向全印妇女发表的演说

1942年2月12日

首先我要道出贵国目前的遭际，我想这是各位所愿意知道的。我想各位都具有实事求是的精神，因为中印两国人民数千年虽有共同的思想传统，充满着其他民族所未曾阐扬的、最渊博深奥的哲学遗产，但中印两国的精神均是求真务实的。你们可能会跟一个极狡狯的敌人作战。在过去五年中，我曾经一再指出日本军阀的真面目以及他们在中国的胡作非为，但是由于西方各国太过注意其自身事务，以致往往指责我的劝谏为宣传。直到如今，整个世界已尝到日本军阀在新加坡及马尼拉各项作为的滋味时，他们才认识到我以前所讲的绝非由于受了战争的影响而虚构的，乃是赤裸裸的事实。

1932年在上海，当中日双方对某些条件获致原则上的协议时，不意在签约的前晚，日本军阀竟轰炸并纵火焚烧闸北，以致千千万万人民非死即伤。再如在太平洋战事爆发前，当日本驻美大使野村及特使来栖正与赫尔国务卿会谈时，日本军阀同样地一无警告便袭击珍珠港。

任何一个国家，凡以不信义为其国际交往的认定政策者，是绝对不足以信任的。日本武装如今已在贵国门首。他们已向中国及缅甸进攻。如果他们一旦进击印度，情形将怎样呢？他们会这样说：“我们是来解放你们的。”但是这是一句谎言。

你们可知道在南京发生些什么？在我军撤离后，日本军阀搜出每一个壮年男子，一个个腕间用绳扎住，押他们走出城外，痛打后再拿刺刀去刺。之后，日人甚至懒得去用刺刀或手枪，往往叫他们先掘好一个个的坟墓，然后活活埋葬了事。

他们对我们的孩子又怎样呢？日人先是俘虏，然后取出他们的血液作输血之用。他们并且把那些孩子一船船地运出，被训练成危害祖国的奸细。我们曾发现很多的小间谍，他们自己说是经日人训练后来危害我们的。这种事情特别是发生于1932年日人占据我国东三省之后。是时，成千成万的儿童都被运送离国去受特种训练，使之日后来颠覆祖国。

当日本军阀占领并攫取一个城市时，他们非但尽情抢劫一切，且戕害一般人民的灵魂，也即是尽一切可能来同时毁灭驱体和灵魂。有时当某些幸存的人民充任日人的苦力时，这些人竟然得到鸦片及海洛因作为工资的一部。所以日本军阀实在是世界上最残暴而毫无人性的敌人。

为了抵挡敌人的攻势，我们曾先竭尽一切力量，借以争取时间来准备自己。但是到了最后，知悉敌人的毫无人性时，我们纵令准备得不够充分还是要拿起武器来，因为我们意识到不论苦难及死亡是如何的可怕，还有比这个更坏的便是肉体的被奴役和灵魂的被奴役。

中国今天是民主国家所深知的一个盟友，但是我们之能得到这个称谓，乃是由于我们大半都以血肉之躯及拙劣的兵器来作战，同时并在往后方撤退时，尽量毁坏一切可能落入敌手的物资，我们曾焚毁田亩，破坏房屋资财，使敌人无法利用。我们有这股勇气，乃是因为每一个人都知道为了拯救国家都得有一种牺牲个人生活的决心。

战事爆发后，中华妇女瞬即组成了一个妇女指导委员会，一个全国性的团体。在每一省设有一个分会，而在每一县市又设有一个支会。我们遵照一个切实的纲领以协助抗战获胜。我们曾经训练过，同时亦在继续训练中，成千的青年女子，并分发到国内的每个角落去告诉民众：这场战事究竟是怎样一回事。现在在贵国中一定有不少人，依然不明了这次战事的意义，自必须也加以解释。我们有许多大学女生跑出学校来参加战时工作，这是因为她们说过当国家危难时，哪有心情读书。我个人曾经亲自训练过这些女子。她们受训完毕后有的人便到军队后方去担任军民联络的工作。

在起初当局颇多疑虑，这些年轻女子如何能处在许多粗鲁的男子的大医院中工作？谁能保护她们？你们可知道她们到了那里的时候，那些男的都称她们为军友，并对她们敬礼呢！现在我们收到数以百计的电报要求派遣更多更多的护士和医务人员，这是由于女孩子们不但因其护理的能力而受人尊敬，同时也由于她们对于住院伤兵能尽其慰劳的责任。中国和印度一样有很多文盲，因此我们的妇女工作者也为铲除文盲而努力。许多士兵在疗养伤患期间，同时也学习读书写字。

国内有许多大小工厂实业惨遭毁坏，因此我们只得回到手工业上去。现在许多生产中心地区都已建立起手工业，我们只要举出一件事实便足以表明这类工业的成就。这就是说非但在生产中心的地区内，人民的生活水准都已提高了不少，而且由于妇女们在这里得到工作，她们的父兄丈夫才能去投效军队。你不能希望男子离家去投军，除非他清楚他家中的妻子恰能养活自己并照顾孩子们。

新中国的精神就是我为人人、人人为我，我们因国难而团结，我们的努力自必获致胜利。在任何一种有价值的事业中，如果要得到成功，一定要有些人甘愿牺牲一切，以求得他们认为最可贵的东西。在我们中国的确有这一类的人，我并不是指蒋委员长，也不是指我自己，我指的是中国人民，那些无名的英雄们。

中国和印度一样，是一个传统深厚的国家。在我们肥沃的土地上，现在虽为无数爱国者、无数军民的鲜血所浸染，但将来一定是收获果实的。中国有一句格言："只问耕耘，不问收获。"我们这一代的人虽不会收获到耕耘的全部果实，但是下一代一定是会得到我们牺牲的果实的。因为我们今天收获了我们祖先所努力的果实，所以我们也必须心甘情愿地为我们的子子孙孙而耕耘。

对飞虎队讲话

1942 年 2 月 28 日

陈纳德中校、飞虎队队员及各位来宾：

以贵队荣誉队长的身份，我能不能称各位为子弟们？在中国国运最严重的关头，你们带着希望和信仰飞越了太平洋来到本国。因为这个缘故，不仅我国空军，而且我们全国都展开双臂来欢迎各位。委员长适才曾道及你们光辉和英勇的事迹，他并且赞誉飞虎队为举世最勇敢的一支空军。

本人对各位能来华作战，曾经也尽过一点力量，是以今晚觉得非常荣幸。当我想起这过去五年来中华民国所经历的这场生死存亡的搏斗时，脑中不免现出百万人民或死或伤，或自敌人的枪炮炸弹下逃亡的种种惨状。我也曾眼见我们的国土之上血流成河，这就是我国最优秀男儿所流的血。我也曾想及千千万万的同胞姊妹们，给日本毁了她们的清白，还有数十万的孩子们不是被杀、被残害，就是给掳至日本去受间谍训练来危害祖国。

陈纳德中校在五年来的抗战中已经做了积极的努力。各位很知道陈中校的为人。你们知道他是多么值得钦佩的一位司令官，他又是如何的大公无私。我对他唯一不满之处就是他对于个人的工作从未感到满意。我再冒昧地说一句，不管现在的工作是多么繁重，他还是以为你们要做得更多。

陈纳德中校刚才介绍我为飞虎队的荣誉队长。我想对于这个头衔，较我现在的任何其他头衔，更引以为荣，因为我知道各位非但是以躯体及技术来战斗，而且是用你们的热心和精神来战斗的。刚才陈纳德中校给我介绍两位优秀的队员，他们就是在今天冒死参加空战的。在与敌人作战时，他们完全忘了自身的安全，这是因为他们知道纵使不幸成仁，他们的伙伴们一定会继续执行飞虎队的伟大任务的。这种精神，我认为便是飞虎队成功的秘诀。

在不久之前，有一位本国军友问我："蒋夫人，有些飞虎队队员打下了这样多的敌机，那么我们便没有获得那么多成绩的余地了。然则我们应该怎么办？"我告诉他："我们只有多给他们一对翅膀。"所以如果各位都保持这个纪录，那么我们将来便只有这样做了。

各位现在虽然身在中国，我知道你们的心一定会飞回美国的亲人身边去的。然而我高兴地知道，贵国政府正认识了中国不但是为本国而战，同时也是为美国及全世界而战。所以各位现在献出了你们的一切来作战，一方面是为了你们祖国，同时也为了中国。你们的司令官曾经一再告诫各位要注意纪律。这是一个讨厌的字眼，是不是？空中要有纪律，地面也要有纪律，没有纪律我们将是毫无成就。因此我本人，以贵队荣誉队长的身份，也要将更多的纪律灌入你们的耳中。

我要较陈纳德中校更进一步，我的意思是内心的纪律。仅仅遵守纪律是不够的，我们必须有内在的纪律才能充分发展我们的人格。不过我也不是要你们每一个人都成为泥塑的小圣人，我也有人之常情，喜好风趣的人物，但是我要各位子弟牢记一点：即全中国对你们都很爱护，因之我要你们的品性行为，处处配得上你们贵国的伟大传统。我要你们留给我国人民一个印象，一个真正代表美国国民的印象。我深信并知道，你们不论在中国何处，一定会使你们的行为让人看得起的。

请你们原谅我这样直言，或许我应当对你们很客气，并说："孩子们，你们真了不起。无论有无翅膀，你们简直都是小天使。"不过你们既然是我的子弟，我就可以随便地讲。我知道你们会明白的，当我这样说：我希望你们每一个，无论在空中或在地上，总会记住你们是中国的客人，同时你们所做的每一件事将使你们贵国有面子。你们贵国——美国，我爱它仅次于我的祖国。你们知道我是在那边求学的，我并常常看作是我的第二故乡。

陈纳德中校刚才提及一事，使我相当受窘。他对你们讲我为了救济工作的进行，很需要钱。我知道钱是必需的，中校，但我不希望今晚召集孩子们来是为了这一件事。如果我存了这个念头，这顿饭将使我们难以下咽，所以我没有这样做，但是我的确要感谢你们在圣诞节时给难童的乐捐。请不要以为现在要捐些钱出来，这是我唯一的要求。

最后一句话，战争并不是端赖装备、枪炮、步兵或空军的，主要是靠精神或士气。当我一走进这间屋子时，我立即感觉到你们是多么精神抖擞。现在你们打了仅仅几个月的仗，就充满了热忱和血气。这是一种好现象，但是更要紧的便是一天天地更加坚强，同时不论情形怎样，不能消极下来。因为当你们翱翔天空时，你们无异是用火焰在空中写出一些永恒的真理，给全世界都看到：第一，中国人民大无畏的勇气；第二，中国军队不屈不挠的精神；以及第三，中华民族永存不灭的灵魂。因此不论你们做什么事，或到什么地方，永远记住这就是你们不惜远涉重洋来扶持的中华民国。

我希望诸位一同起立，为这两个在太平洋岸遥遥相对的姊妹之邦来干杯。现在中美两国间友谊和同情的联系，在战争的考验中对我们贡献很大，同时在胜利到来以后也定会是一样的。

1942年妇女节广播演讲

1942年3月8日

国际妇女节是表示人类精神进步与社会进步的标记，我恰好从印度及时赶回，得在今天这个佳节，和各位讲话。我不想做正式的演说，我想与各位随便谈谈。我之所以采取这样随便谈话的方式，就因为现在我们已真正平均负担了一个严重而光荣的任务。自从我们成为同盟国以来，我今天还是第一次向美国、英国及其他联合国的妇女界广播。我想各位一定愿意我放开客套，不作浮泛空虚之词，而明白切实地与各位说话。这在互相信任的朋友之前，原是常见的事情。战争使我们更趋密切，而我们共同的目的与抱负，也更加明确地集中在一个焦点了。在人类活动的每一个部门，妇女的合作已经见得有极广的必要。然而在国家与地方的公务上面，妇女与男子争得平等负荷的职责，其间经过了很长的岁月，承认男女平等必须听取妇女界的呼声。这种平衡状态，还是比较最近的事情。男人们有很长很长的时期，不知道将妇女限制于家庭琐事，其实是放弃了人类伟大力量的一个无价泉源。战争给了我们许多可痛可憎之事，尤其在日本野蛮主义横行不法之下。我们要找寻战争的优点，是很困难的，但至少却有一个有利的副产物。凡是获得思想自由的国家，一般都承认妇女为文明进步的有力因素。战争对于这个认识，至少增加了很大的激励。在德国与日本这两个主要的集权国家里面，妇女十分落后，这是一个值得注意而却被大家忽略了的事情。这两个国家，穷兵黩武，所以把妇女视为低劣的分子，以为她们的人生目的和训练标准，只应集中在产生兵员，不准妇女参加国家大事。在日本，甚至于体格的锻炼都与男子不相平等。民主国家则不同，妇女在国家公务上，渐渐获得了负责的地位，而战争的飓风，更把此门吹得大开。从前有一个时期，妇女曾经贡献她们的头发，作为英雄们的弓弦，现在时代不同，妇女对于抵抗敌人的工作，更加强烈地表示了她们的决心。她们不是贡献头发，而是贡献她们的本身为国家勤劳，我们可以在兵工厂发现她们，而在争取胜利所必需的各种事业之中，都有妇女在出全力服务。现代战争的成功，已不是单靠实际从事战斗者的勇气与技术，战斗员须赖后方秩序与士气的保持，须赖粮食与军火的供应，而战区的运输物资尤为重要。在我们中国，这些工作都有妇女参加，甚至如建筑与护持交通生命线等，需要体力的工作，也有妇女在效劳。滇缅路自我们有了新的供应路线之后，其效果虽已较前减少，但过去对于这些战斗员，实有不可估量的价值。我们中国无数的妇女，帮助着建设滇缅路，及构成我战时中国大后方许多其他公路网，这些公路的开辟，多经人迹不至之区，或跨绵亘的冈陵，或渡无底的深谷，凡是历尽千辛万苦，甚至牺牲生命的筑路者，其以生命贡献国家，实在与战死沙场同样的英勇，同样的有价值。在世界历史上，这个千钧一发的时代，妇女的责任非常巨大。全世界妇女对于人类共趋的崇高目标，有很大而具决定性的影响力量，这目标就是当一日战云消散，和平道路为我们重开之日，人类迈往于进步的前程之所共趋。在这个日子到来以前，有很多的苦痛要我们忍受，很多的困难要我们克服，很多的忧患与失望要降临到我们的身上。然而没有一种有价值的收获，是不要付相当代价的。中国已经用行动来表示，它愿意牺牲。这种牺牲精神，真非一般所能想象，因之已得举世各国一致的赞美与承认。中国从来没有考虑，为了自由与民主主义而作这种牺牲，将付多少大的代价。它偿付代价的时候，毫不犹豫。战争为妇女界所辟的有益国家的道路，我中国妇女以大无畏的精神，勇往前进。当然各位现在也已走上这个道路了。日本所谓“建设东亚共荣圈”，我中国妇女站在第一线与之抗争。有若干战时工作，虽则男子做起来较妇女合宜，可是我刚才已经说过，我中国妇女勇敢地负担着辛劳的严重工作，面对着常有疾疫与意外的危险，正如你们所感到的那样，她们觉得她们有神圣的责任，鼓励枪炮后面的将士，使他们知道全国的妇女，身体虽不在他们的旁边，而精神则永远追随着他们的左右，尽最大的力量帮助他们，支持他们。

刚才我谈过日德妇女的落伍，或者有人以为印度的妇女没有意向也没有能力去追随现代的进步，这种观念是错误的。我曾经与若干印度妇女长谈，她们有的是政治界与文化界的领袖，我立刻感觉到她们的理智、她们的气魄，以及待人接物的风度，与世界其他各国的优秀妇女完全一样。

如果印度妇女能得到利用其才能的充分机会，她们对于共同创造新世界的努力，必有无穷的贡献。我发现她们对于光明的世界前途，有敏捷的感觉认识与信心。我并且觉得只要一旦能实现她们的希望和抱负，世界一定会得到很大的改善。凡是像我们这样有缘和她们相见的人，必会得到一种深刻的印象，知道她们对于今日所存在而需要我们在自由祭坛上贡献一切的世界问题的重心，她们也同样地了解。印度人民一旦获得了真正的权力，印度妇女必将与男子作比例相等的发展。印度妇女不仅表示着热切的渴望，想学习中国及其他国家妇女的战时活动，并且同时渴望对于我们共同努力得到有所效力的机会。

在结束今天的谈话以前，我特别想再对美国朋友说几句话。各位或许知道，我是在美国受教育的。此次我自印度归来，途中有一件令我非常愉快的事情，就是在昆明曾到中国空军志愿队的司令部去。各位当然知道空军美志愿队在空战之史上，已写下了光荣的一页，我不想再来陈述他们英勇的功绩，这已由他们用行动来告诉各位了。我想告诉各位的，是他们在昆明城内与我们的人民所发展的热烈友谊，以及我国同胞处处体贴他们，使他们有做客如家之乐。这从许多地方可以看得出来，而我尤其觉得，一般美国留学生的态度令人欣慰，他们从自己的经验，知道旅居异国是怎样一种滋味，于是组织了一个团体，给这些异国战士以种种的方便。女留学生们轮流把贵国的这些志愿军人请到家中，款待他们，他们告诉我心中觉得无限的感激。我可以向各位告慰，他们受到很好的照顾，因为他们的功绩已获得了我全国的亲善与尊敬，这种待遇是他们分所应得的。我忝为空军美志愿队的荣誉指挥官，我能如此告诉你们，尤其觉得高兴。我感到我可以称他们为“弟兄们”，而他们在我国同胞间获得如此的令誉，连我也十分光荣。在结束我和各位的谈话之前，我要告诉你们，我愿再要求各位听众出全力以从事我们共同的奋斗，因为各位早已尽着最大的努力，且在获得胜利以前，一定会继续不懈的。

在美国国会的演说

1943 年 2 月 18 日

在美国参议院的演说

主席，美国参议院诸位参议员，诸位女士，诸位先生：

诸位代表之美国人民，此次对余欢迎之热烈与诚挚，实使余铭感之至。余本不知今日将在参议院对诸君致辞，初以为仅向诸君问好，略说余乐与诸君相晤，并为我国人民向贵国人民致意而已。不意适值来此之前，副总统临时表示，希望余能向诸君略致数语。

余本非善于临时致辞之演说家，其实余并非演说家，然余亦非绝无勇气。盖数日前，余在海德公园时，曾参观总统之图书室，其中所见，于余有所鼓励，使余感觉诸君对于余之临时发言，或不至期望过奢。诸君试思余在该处所见者，究为何物？余所见之物颇多，其最令余发生兴趣者，即玻璃橱内有总统一篇演词之初稿、第二次稿，直至第六次稿。昨日偶与总统提及此事，谓知名而公认为优良之演说家如阁下者，其演说草稿之次数，尚需如此之多，殊使余有以自慰。总统答称，彼演说词草稿有多至十二次者。准此而论，余今日在此临时发言，诸君当能谅我。

贵我两国之传统友谊，有一百六十年之历史，余感觉贵我两民族所具相似之点甚多。余并相信具此感觉者，不仅余一人。此种相似之点，即为吾人友谊之基础。

今欲为诸君述一小故事，以表明是项信念。当杜立特将军率队轰炸东京归来时，贵国之壮士有不得不跳伞降落我国内地者。其中一人事后告余，彼不得不自机上跳伞而下，及降落中国陆地，即见民众向彼奔趋，彼乃扬臂高呼其所仅知之中国语："美国，美国。"若就其字面解释，即为美丽之国。该壮士言：中国民众当时高声欢笑，几欲与余拥抱，欢迎状态，有如重睹其久已失踪之昆仲然。彼复告余，彼见我国民众不啻见其家人。而彼之来华，此尚系第一次。

余在幼时曾来贵国，认识贵国人民，并曾与之相处。余在贵国度过余身心长育之时期。余操诸君之语言，不但操诸君内心之语言，且操诸君口头之语言。故今兹来此，亦有如见家人之感。

然余相信有如见家人之感者，非余一人而已。余感觉中国人民倘能操诸君之语言，向诸君致辞，或诸君倘能了解吾国之语言，则彼等当告诸君曰：吾人在基本原则上实为同一目的而作战，吾人具有相同理想，而贵国总统，向世界所宣告之四大自由，已遍传于吾广大国土，而成为自由之钟声，联合国自由之钟声，同时亦即成为侵略者之丧音。

余向诸君保证，我国人民切愿与诸君合作，以实现此种共同理想；盖吾人确欲求其勿成空言而成为吾人本身、吾人之子子孙孙，以及全人类所能享受之具体现实。

然此种理想果将如何实现耶？余可向诸君述一适所记忆及之小故事。诸君知中国为一极古老之国家，具有五千年之历史，当吾人不得不退出汉口，撤至内地继续抵抗侵略时，委员长与余曾道经长沙战区某前方。一日余等至衡山，山中有两千年前所建磨镜台之古迹。诸君闻此磨镜台之历史，或感兴趣。

两千年前，此地附近有一古庙，有一小沙弥，辄至此地，终日盘坐，合手祈祷，口念“阿弥陀佛”“阿弥陀佛”“阿弥陀佛”，日复一日，期得福祉。

同时庙中住持以一砖在石上磨琢不息，日复一日，周复一周。小沙弥有时举首四顾，以窥住持之所为，但年老之住持依然进行其磨砖工作如故。一日，小沙弥问曰：“住持师父，以砖磨石，究何为乎？”住持答曰：“余欲磨砖成镜。”小沙弥曰：“住持师父，磨砖成镜不可能也。”住持曰：“诚然。此与汝日复一日，自朝至暮无所事事，只知诵‘阿弥陀佛’，以祈福祉者，同为不可能之事也。”

诸位友人，余因此感觉吾人不但应有理想，并应宣布此种理想，而且应以行动实现此种理想。

余今日对贵参议院诸位参议员，以及对旁听席上诸位女士与先生，愿更进一言：吾人之诸领袖，倘无吾人全体积极协助，不能实现此种共同理想。此磨镜台故事之教训，乃诸君与余所宜深切领会者也。

兹向诸君表示谢意。

在美国众议院的演说

议长，美国众议院诸位议员：

无论何时，余得向贵国国会致辞，实属荣幸；尤在今日，余得向一庄严伟大之团体，对于世界命运之形成有绝大影响如贵院者致辞，尤属特别荣幸。余向贵国国会演说，实际上即系向美国人民演说。贵国第七十七届国会，以代表美国人民之资格，对侵略者宣战，已尽其人民所信托之义务与责任。此为人民代表之一部分职责，早已在 1941 年履行。诸君当前之要务，乃系协助争取胜利，并创建与维护一种永久之和平，俾此次遭受侵略者之一切牺牲与痛苦，具有意义。

在未申论本题以前，愿将关于余此次行程略述一二。余自祖国来至贵邦，长途跋涉，观感深切，趣味浓厚。以言余之祖国，则流血牺牲，肩荷抗战之负担，不屈不挠，已逾五年有半。虽然，余并不拟申述中国对于共同努力，从残酷与暴行中解放人类所尽之贡献。余试将此行所得之印象，略向诸君陈述。

余首愿确告诸君，美国人民对于分布全球各地之美国作战壮士实足以自豪。余尤念及远处异域偏僻区站，生活至感寂寥之贵国壮士。盖此辈任务，既不能有显赫之表演，亦无振作精神之战事，而系日复一日，仅奉命担负其例行任务，如守卫防御工事，并准备抵抗敌方可能之蠢动而已。有人曾谓，亲临阵地，出死入生，犹易于日复一日担任低微单调之工作，余之经验亦复证实此言。然而后一种工作，对于抗战之获胜，正与前一种同属必要。贵国若干部队，驻扎在遥远隔绝地点，非平常交通所能到达。贵国若干壮士，必须用临时赶筑之机场，飞行海面，经数百小时之久，以搜寻敌方之潜艇，往往一无所遇，颓然而返。

贵国此辈健儿，以及其他壮士，均系作单调乏味之守候，日复一日之守候。但余曾告彼等，真正之爱国心乃在具有能忠诚执行日常任务之士气与体力，庶使在最后结果中最弱之一环，亦即为最强之一环。

贵国士兵，已确实表现，能沉着坚毅忍受思乡之苦，忍受热带之干燥与酷热，并能保持其准备随时作战之强健身体与精神。彼辈亦属此次战争中无名英雄之列。凡足减轻其烦闷，振奋其精神之一切可能措施均应一一采取。此项神圣责任，自在诸君。就美国军队之饮食而言，固较任何他国军队之饮食为优，但此非谓彼等可长此专恃罐头食物，而健康上不至感受任何影响也。以上所举，殆为战争中之轻微困苦。若一念及世界上许多地方尚有饥馑流行，则更觉上述困苦之为轻微。虽然，天下事亦有难言者。扰人心灵使人烦闷者，往往并非为生存之主要问题，而系琐细之刺激，尤其是在单调无聊生活中所受之琐细刺激，足以令人性情暴躁，心魂欲裂。

余在此次行程中所获之第二印象，即美国不仅为民主制度之烘炉，而且为民主主义之胚胎。余参观各地时，曾于数处晤见贵国空军根据地飞行服务人员，在此辈人员中余即发现有为德、意、法、波、捷及其他国籍人民迁往美国后所生之第一代后裔。其中数人，乡音之重，殊难言喻。然而彼辈固共同远征在外，悉数为美国人，悉数忠心于共同之理想，悉数为同一目的而奋斗，悉数为同一崇高宗旨而精诚团结，既不彼此猜疑，亦不互相争竞。此一事实，益加强余向所抱持之信念与信仰。即对于共同原则之忠心，可以泯灭种族之差异，而且各种理想之相同，乃是对于种族分歧最强之溶解剂。

因是之故，余此次抵达贵国，不特衷心毫无惴虑，而且具有一种信心，即美国人民正在建立与实施一种确系其祖先所怀抱之立国典型。此种信心，益见加强而证实。诸君为美国人民之代表，目前有一光荣机会，使汝祖先之开国工作，发扬光大，超越物体与地理限制之疆界。诸君之祖先曾以大无畏之精神，冒不可思议之困难，筚路蓝缕以开发一新大陆。现代人士，无不赞美其精神过人、宗旨坚定，以及成功卓著。诸君今日，当前正有一更无限伟大之机会，可以赓续发挥汝祖先所怀抱之理想，并协助完成解放全球各地人类之精神。为求完成此项目的计，吾侪身属联合国家，必须尽力加强作战，俾联合国早日获得最后彻底之胜利。

中国著名兵家孙子有言："知彼知己，胜乃不殆。"吾人另有一谚语云："看人挑担不吃力。"

此等名言，来自明哲久远之古代，实乃每一民族所共有，然而仍有一种轻视吾敌人力量之趋势。

当 1937 年日本军阀发动其全面对华战争时，各国军事专家，咸认中国无一线之希望。但日本并不能如其所曾夸称，迫使中国屈膝。于是举世人士，对此现象，深感慰藉，并谓当初对于日本武力，估计过高。

虽然，自日本对于珍珠港、马来亚，以及南洋一带加以背信无耻之袭击后，战争之贪狂火焰，弥漫太平洋上，而各该地域，相继失守，一时观感，遂又趋向另一极端。于是怀疑忧惧之狰狞面目乃大暴露。世界人士由此遂视日本人为尼采所称之超人，在智力上与体力上均超越于其他国人。其实此项信念，乃古皮诺派豪斯敦、张伯伦派，以及其得意门徒纳粹种族主义派，对于诺逊克族所发挥者。

不宁唯是，就现时流行之意见而言，则又似认为击败日本，为目前比较次要之事，而吾人首应对付者，则为希特勒。但事实证明，并不如此。且即为联合国家整个利益着想，吾人亦不宜继续纵容日本使其不独为一主要之潜伏威胁，且为德玛克利斯头上之悬剑，随时可以降落。

吾人慎勿忘日本今日在其占领区内所掌握之资源，较诸德国所掌握者更为丰富。

吾人慎勿忘如果听任日本占有此种资源而不争抗，则为时愈久，其力量亦必愈大。多迁延一日，即多牺牲若干美国人与中国人之生命。

吾人慎勿忘日本乃一顽强之民族。

吾人慎勿忘在全面侵略最初之四年半中，中国孤独无援，抵抗日本军阀之淫虐狂暴。

美国海军在中途岛及珊瑚海所获得之胜利，其为向正确方向之前进步骤，显然无疑，唯亦仅为向正确方向之前进步骤而已。盖过去六个月在瓜达康纳尔之英勇作战，已证明一项事实，即凶恶势力之溃败，虽尚需时而费力，最后必将到来。吾人站在正义与公道方面岂无英、苏与其他英勇不屈之民族为吾人忠实之盟邦乎？唯是日本侵略恶魔继续为祸之可能，依然存在。日本之武力，必须予以彻底摧毁，使其不复能作战，始可解除日本对于文明之威胁。

贵国第七十七届国会，向日、德、意三国宣战。就其在当时而言，贵国国会确已完成其工作。就今日而论，则有待于诸君。诸君为贵国人民之代表，当有以指示取得胜利之途径，并协助建立一新世界，使一切民族此后得相处于融洽与和平之中。

余岂不可希望，美国国会之决心，乃在尽力于创立战后新世界，乃在尽力于准备水深火热之世界所殷切期待之较光明前途乎？

吾人生于今世，有为吾人自身以及子子孙孙建立一较美满世界之光荣机会。所应牢记不忘者，即一方面固不可抱持过高理想，另一方面却亦必须具有相当理想，庶几未来之和平，在精神上不至成为专对战败者之惩罚，在概念上不至以一区域或一国家甚或一大陆为对象，而以全世界为范围，而其行动亦必须合乎人道主义。盖现代科学，已将距离缩短至如此程度，以至凡影响一民族之事物，势必同时影响其他一切民族。

“手足”一词，在中国恒用以表示兄弟间之关系。国际间之相互依赖，今既已如此普遍承认，吾人岂不能亦谓一切国家应成为一集合体之分子乎？

吾中、美两大民族间一百六十年来之传统友谊，从未染有误会之污痕，此在世界历史中，诚无出其右者。

余亦能确告诸君，吾人渴望并准备与诸君及其他民族合作，共同奠定一种真实与持久之基础，以建设一合理而进步之世界社会，使任何恣肆骄狂或劫掠成性之邻国，不复能使后世之人，再遭流血之惨剧。中国虽明知人力一项，乃一国之真正富源，并需累代之久始能成长，然中国在其反侵略战争中，从未计及其在人力方面所受之损失。中国对于其本身所负之各种责任，深切明了；对于如何而可在原则方面妥协让步以获得种种权益，则从未顾及。中国对于其本身，对于其所珍爱尊重之一切，亦决不稍降品格，而循商场中市侩之行径。

我中国国民，正与诸君相同，不仅为吾人本身，且更为人类全体，希望有一较佳之世界，实则必须有此较佳之世界。然仅宣布吾人之理想，甚或确信吾人具有此种理想，尚嫌不足。盖欲保存、支撑，并维持此等理想，有时必须不惜牺牲一切，甚至甘冒失败之危险，以努力促其实现。吾人已故领袖孙逸仙博士所示之训范，已给予吾国人民奋斗前进之毅力。我中国人民根据五年又半之经验，确信光明正大之甘冒失败，较诸卑鄙可耻之接受失败，更为明智。吾人将有一项信念，即在订立和议之时，美国以及其他英勇之盟友，将不致为一时种种权宜理由所迷惑。

个人之品德，于困厄中验之，亦于成功中验之。以言一国之精神，倍加真确。

在加拿大国会的演说

1943 年 6 月 16 日

议长，首相，诸位参议员，诸位众议员：

余久拟访问诸君与贵国，今日得与诸君晤聚一堂，深自欣幸。尤以得向贵国国会致辞，为一光荣之事；盖贵国国会，就其制度而言，实起于古代良好之制度，即盎格鲁撒克逊民族之贤人议会，迄今一脉相传，从未中断。此一制度，不论在升平或非常时代，俱已证明其效能。所谓议会政治，在诸君与余视之，乃是建立于国家根本法律以及人民公意之上；而其政策之实施，亦必在人民所付托之范围内。其于此长久惯例之权威，以及国家最高权所订之法律，遂有习惯与法律两种。习惯，即所谓“不成文法”；法律，即“成文法”。公元前第一世纪中一位罗马大著作家曾云：“人民不是无数个人为任何缘由而有之集合，而是一大群人，因为对于法律表示同意，并具有共同利益，而遂彼此联结之集合。”

吾人大抵均愿承认，一个真正议会政体，乃人类理性所能发现演进之最近乎完善政体。而所谓议会政体，乃是实行“法治”。换言之，议会政体以久远习惯与正确理性为其基础。无一个人，无一团体，无一阶级，能处法律之上。议会具有订立法律之最高权力，而个人只有因违犯法律之故，始得加以惩罚。由此每一公民处身于法律范围之内，因而得到保护。

虽然，上述诸项理想与原则，并非在当初成立之时，即已实行；而系经过长久时间，渐次形成。吾人如追忆往史，当知历代固有无所畏惧之人士，将其所确信之事理，毫不踌躇，直言无隐。16 世纪，伊里奥特（Sir John Elliott）爵士，在其攻击查理斯第一世（Charles Ⅰ）最宠佞人之弹劾案中曾将白金罕（Buckingham）比拟于西姜努斯（Sejanus）[①]，自吾人观之，是否暗指查理斯第一世为一暴君如梯庇里斯（Tiberius）者，无关重要。其足使吾人深切注意者，不言而喻，盖凡为大臣者，应得国会之信任。

密尔顿（Milton）对于拥护克林威尔（Cromwell）或效忠查理斯第二世，依违莫定。吾人对于此种无宗旨之投机主义，不论做何感想，必须承认密尔顿为言论自由之原则而奋斗，确曾有所贡献，此可于其拥护言论自由一篇名著中见之。历时甚久，始有每季评论（*Quarterly Review*）、西敏寺评论（*Westminster Review*）以及爱丁堡评论（*Edinburgh Review*），均以揭橥言论自由，而渐次风行，成为精美之杂志。此诸杂志，既能将时政问题，提出于广大群众之前，可谓达到其伟大目的。一般社会人士因此而能在其个人日常生活之狭小范围以外，得知时政，而于不知不觉之中，吸取此诸杂志所主张而

---

① 白金罕，通译白金汉，为英王查理斯一世之廷臣。西姜努斯，通译谢亚努斯，为罗马皇帝梯庇里斯（通译提比略）之宠臣，后以罪被帝处死。

为人所接受之学理。此项学理，且成为当时世界中之一大力量。如卫尔伯福斯（Wilberforce）与柏克斯登（Buxton）辈，对于奴隶制度，即曾表示立场，努力反对，并提倡人类自由。他如格鲁德（George Grote）与约翰·穆勒（John Stuart Mill）则力谋制度之自由。诸君伟大祖国之社会与政治改革家，固不乏人，以上聊举数名而已。至于贵国现在议会政体之由来，乃经贵国人民数百年来，继续不断向彼无理性之根深蒂固专制权力斗抗，而后形成，自无待余言。

今试将议会政体，与彼一度势将淹没文明世界之轴心暴政做一对较，并试将法西斯哲学加以分析，以发现其与诸君之哲学根本相异之点。此种对较与分析，或属饶有兴趣。

德国在魏玛共和宪法（Weimar Republic）时代，具有民主政体之一切表面“形式”，但不及二十年，此民主政体，即由退化而归消灭。代之而起者，为养育一种陷害与毒恨心理之凶恶魔鬼。此种向后倒退之事实，居然发生，足以表示德国大多数人民，尚未曾领悟何为宪政之真正精髓，并表示能使德国成为一经久真正民主政体之各种条件，尚未具备。

若干人士，误以为民主政治之含义，在听任个人从事于各种活动，甚至与国家利益相反之活动。另有若干人士，视民主政体为“一妩媚可爱之政体，形形色色，无不具备，同时又无秩序”。殊不知一国而纵容各种危害民主理想之活动，即系自行否认其自卫权；若谓扰攘纷乱，能使民主政体更妩媚可爱，即系否认民主政体之自保权。

吾人对于民主政体与暴民政体，不应稍予混淆，民主政体乃是有纪律之自治。民主政体可比诸美丽之建筑物。其装饰与雕刻之每一部分，具有无上之特质，各能因其本身所具之优点而获得永久地位，同时却又各个放弃其个别地位于整个结构之中，使整个结构因而益见富丽，因而不致仅仅具有品质上之完善，转型平淡。暴民政体，则适得其反，只系一种暴徒统治，犹诸一座粗率造成而表面华丽之建筑物，基于热狂情绪与恣意放纵之上。

今日德意志之所以成一暴戾之独裁政体，盖因其剥夺受治者公开辩论之权利。法西斯主义者以为强力之优越，即可成为一个政府之合法条件与合理根据。彼等既以威迫诱惑使人民迷信其领袖绝无错误之可能，又复否认人民有权质问在位握权者之或有错误。反之，吾人身属联合国家者，则接受非难询问，容许抱持各种异见者享有讨论之权，务使各人心胸中潜伏深藏之一切思想，亦均得分析而权衡之。此则因吾人认其为“一种方法，比诸专制政体之最科学方法，可产生较良好之通常人类”。

贵国除有最优形式之议会政体外，另有一事，给余深切印象，即两个坚毅民族，法人与英人，在贵国开发史中，彼此间未始无误会与战争，但今则早已相安于协调和谐之中，如一大民族然。此一榜样最为伟大。法籍移民之后裔，以及盎格鲁撒克逊人之后裔，对于加拿大之获得进步与繁荣，曾各尽其充分之贡献。此一史实，诚值得吾人注意。

最初贵国广大土地之一部分为移民开垦时，南加拿大之法国殖民当局，曾在每一乡村中，设置一民军队长，就当地“居民”中指派之。被指派者固须经加拿大总督之任命，但任命状之发给与否，胥视当地人民在其星期日之正式大会中，对于被指派者表示赞成或反对。此乃民众参政之显著事例，亦即实行顺应人民之意志与愿望。以言法兰西人民，其礼貌之出于自然，其社交之雍容自如，其精神之不断活泼，实使其特别适合于初期殖民家之冒险生活。凡在美国旅行者，对于底得罗（Detroit）、圣路易（St. Louis）、维桑（Vincennes）以及路西安娜（Louisiana）及类似之地名，必不免想起当日法籍加拿大人之冒险精神。当时所称“森林之开发者”（樵夫）能吃苦耐劳，能了解红种印第安人（Red Indians），而对于新大陆，造成一种无价之遗产、自由之机会，即此遗产也。来到加拿大之法籍农民，则持其固有之节俭，努力迈进，成为地主。当时以一庄之庄主而偕其妻及子女，在田中辛勤工作，并非罕见之事。彼等发展劳工神圣之观念，对于亲自动手操劳，并不视为有贬身价，一若其他若干国家中有此观念，彼等反视之为生活中自然之表现，人人固须如此；彼等并承认每一工人均不辜负其所受之雇托。当日边疆生活平等化之力量，有如此者。

法兰西教会，对于贵国之开拓发展，亦曾尽其颇大之贡献，关于基督教会遣人传道而造成若干最有声色、最属光荣之事迹即开始于北美洲。耶稣会所派之教士，乃是当日之探险家、绘制地图师与教员。例如关于密西西比河（Mississippi）之探险，即由神父马格忒（Pere Marquette）偕同朱利欧（Louis Joliet）为之。至如1671年苏比利安湖（Lake Superior）之第一次地图，以及密西根（Michigan）北部与许浪湖（Lake Huron）之第一次地图，则由天主教会神父数人绘成。而首先向许浪族（Hurons）宣传基督教，并希望能使全大陆之红种印第安人信教而受文化熏陶者，亦系耶稣会之教士。此外，余复想及当时富有理想与先见之地方官，名泰龙（Jean Talon）者，不以仅由少数人士享受此富饶之乐土为满足，而力倡开放加拿大，以减轻欧洲因增加人口所感受之压力。盖就当时欧洲言之，大多数人口，度其不卫生与贫乏之生活；且因大小君王，贪婪无厌，各具野心，互作私战，以致赋敛繁重，使人民生活益感困苦。

对于首任为西登海姆（Baron Sydenham）男爵之汤姆逊（Poulett Thomson）以及类似之人物，则贵国乃至全世界，应当永远感激。汤姆逊具有明智之政治才能，其在加拿大总督任期中，实行政策之时，宁采取道义上之劝告，而不采取凶恶性之暴力。嗣后欧而琴（Lord Elgin）爵士，为英王驻加拿大之代表，曾允许自由党参加组织加拿大之内阁，此即承认负责代议政体。此后，贵国政府和衷共济，一往顺利，而贵国人民在目的与行动方面，亦日趋凝结。以故，在今日反侵略战争中，贵国乃为联合国中之有力分子。

余向贵国伟大邻邦美国国会致辞之中，曾谓为联合国家之共同利益计，不应纵容日本安然占有其在中国与他处所侵入之地区，盖日本正在利用时间，积存广大之资源，以继续轴心之侵略战争。在过去十二个月，日本所强夺之物资，其数量殊堪惊人。平均每个月运往日本之原料，计自中国长城以南之占领区者达三百二十万吨，而自我东北四省者达二百八十万吨。此外，日本自长城以南之沦陷地区，每月运输二百三十万吨之物资，至吾东北四省，以及亚洲之其他部分，以供应其正在建设中之重工业。简言之，过去一年之中，日本为供给其武装军队之用，自中国强占而夺去之原料，约计一万万吨。此一数字，尚不包括在中国占领区内日本军队所用之粮食。至于日本去年自马来亚运走之物资，约计六百万吨，以之与自中国夺取者相较，约为一与十六之比。由此更可见将日本逐出中国之为重要。日本正在继续加强其地位，为全世界凶恶之威胁；而且日本正在加紧榨取中国之资源，以对付整个联合国。

就吾中国而言，六年以来，不啻如一大磨石，紧套于日本军阀之颈上，且对于阻止日本，使不能利用其数百万武装军队以及工人于世界其他地方，已告成功。中国士兵，配备不精，吾人作战所恃者轻军器耳、肉与血耳、斗志耳。直至最近数星期以前，中国陆军即为小规模之反攻，亦从未有一种相当之空中掩护。最近在长江上游，中国陆军，得到美国与中国联合空军队少数飞机之助，能将敌人之进侵击败。此一事实，完全证明吾人所持有者虽比较少，而所能成就者却比较大。然而中国以及联合国所遇之危境，尚未过去。中国军民伟大之抗战意志，只赖不充分之作战配备为后盾，但不应使其所遭遇之艰难困苦，竟至超出人生所能忍受范围之外，诚以日本如果征服中国，其对于联合国家作战目的所发生之影响，将使人类文明遭遇类似天翻地覆之最大祸害。

加拿大一如中国对于联合国共同抗战，并无显著而动听之贡献。就此而言，余不得不谓英美两国之贡献，大都类此。然吾人应当领悟，决定胜利者，并非偶有之辉煌举动。唯有坚毅实施战略上预定之计划，加以共同努力，尽其贡献，毫无吝惜之志愿，乃能于相持局面之中，获得最后胜利。吾人所应牢记不忘者，即对于最后胜利所尽之贡献，不应以其显著而动听与否，为一时估计之标准。贵国民军经年累月所积聚作战之英勇；贵国所送往英国之大批粮食与军火；贵国使用贵国机场以训练联合空军；贵国对于作战努力，就每一人口平均计算，所生产之物品较任何其他联合国为多。凡此种种，均足表示加拿大努力作战、争取胜利之坚强意志。

世间甚少新颖之主义。以余观之，实亦无须各种新颖主义，只须努力求使每一有价值之主义，充分发展与实施。基于同一理由，吾人不应徒然默坐，希望各项演变幸而凑合，使战后产生一较美满之世界。吾人应激于道义，奋勇前进，试探各种建立一较美满世界之可能途径。昔者彼契柯（Cardinal Pecheco）主教曾告知加拉发（Caraffa，即教皇保罗第四世 Pope Paul Ⅳ）谓其左右有贪污情形，彼不特不觉忤怒，而且调查事实，采取步骤，将负责作弊者一一肃清。彼有勇气，自拔于当时混乱之环境，对于任用私人，极力反对，以正直之志愿而奋斗，卒告成功。

今日有若干怀疑人士，以冷诮之眼光，注视一切战后世界合作计划。昔之培根（Bacon）即属于极端派之国家主义者，而缺乏政治家之识见。彼在当时，不能如吾人今日了解各国之君王与政治家，亦应尽忠于文明及整个人类。培根曾云："一国之任何增益，必取诸外人，盖无论何物，一处有获得，他处即损失。"培根此一谚语，在吾人稍知经济学者视之，殊觉可笑。然其逻辑，在抱同一意见者视之，似无可反驳之处。若与同时代之格老秀斯（Grotius）相比，诸君当立即领略远见与理想所处之地位如何。

吾人只须始终努力，志在必成，则昨日以为不可能者，今日卒成为事实，余可指出，在中古世纪为革除罪孽教徒而颁布教皇诏谕，为决定何方为真正天主教而有之流血战争，为宗教而有之大规模检查审判与虐待屠杀，凡此种种，均使欧洲民穷财尽，割裂纷乱。问题之难于解决，孰有过于人灵裁决之问题乎？当时谁能想象，谁敢希望，宗教改革之各项运动，最后竟能由 1555 年奥古斯堡（Augsburg）之宗教和平而实现。

复次，1867 年之英属北美法案（*British North America Act*），规定加拿大为联邦政府，当时许多人士认为此一法案，足使加拿大脱离英国，实则反增强英国与贵国间之情谊与关系。

今日之世界，复立于十字路之交点上。吾人须知欲计划一战后之世界，若就霍布斯（Hobbesian）所称之警察而言，其作用仅属于一时，即使推行于全世界，亦殊觉不足，盖必有基本与积极之原则，以实现之，方能有济于事。吾人身属联合国者，岂不应力求具有远大眼光而运用其识见，待战败者如邻人、如同类，而所应予以惩罚者，仅限于引起此战之祸首乎。

加拿大能融合两大民族于一强大而和谐之国家中，故关于实现世界大同，人类可从贵国效法者实多。人类之是否伟大，端在乎合作与协调。合作协调云者，民族间压迫与榨取之反面也。

联合国日三周年广播演讲

1944 年 10 月 24 日

在联合国日三周年纪念的今天，凡我联合国的全体盟友，自应重申吾人共同作战抵抗侵略的目的。全世界已有不少人士在这次争取人类自由的战斗中而牺牲生命，而受苦受难，吾人尤应重新奉献吾人的一切，以维护这一辈为人类自由而殉难与受苦者所抱的信心。

我们中国是联合国中的一员，我们即将踏进抵抗日本军阀残暴侵略的第八个年头。中国以武力薄弱的国家，而抗战能支持到如此长久，原因在什么地方呢？

我们追寻联合国所以终于能团结一致，决心为解放世界人类而努力着，推求其发展的程序，我们就可以发现不论是国家或是个人，唯有精神保持着自由而不受束缚，即能抗御任何不人道的打击，克服任何的变动与艰难。所以经济自由、政治自由及军事自由，诚然是重要，但欲其实现，必须先有精神的自由。

分析到最后，这就是说，在我们所欲创造的新世界中，人人皆有思想和发表意见及信仰的自由。唯自己的良心之所命，如此，则在他们达到结论的过程中，他们就有精神及物质上的勇气去自作决定，再接受批评。

没有一个人是没有缺点的，也没有一个国家是没有短处的，欲期个人与国家一切皆臻于完美，是终不免于失望的。然而唯确能接受批评而根据自我检讨的出发点的个人与国家，才能够踏上进步的途程，反之，只有人类的暴敌才会束缚思想及言论自由。

极权国家意欲毁灭一切反于独裁者的思想，使人类优美的性灵化为暴戾，使人类的心思趋于奴化。其结果当然是知识的沉滞和精神的瘫痪，这是不言而喻的。

至于民主国家，则是准许并欢迎自由讨论，因为他们深知唯有真诚交换各人的见解与不同的观感，才能够使思想愈臻于充实与发扬。人类必须有发展他天赋潜力的自由与机会，这里面就包含着进步的途程，这里面就包含着世界的希望。

抗日战争胜利日的广播谈话

1945 年 8 月 14 日

今天举世欢腾，庆祝着我们战胜了最后一个轴心国家，这个胜利，乃是我们所期望、我们所祈求，而也是我们所努力造成的。我今天要向美国国民表示我同胞的感谢，因为在我们八年长期的全面战争中，你们对于中国所遭遇的许多障碍与困难，曾经给以深刻的同情与始终如一的了解。我并且还要代表中国同胞感谢你们，你们在能力所及，莫不迅速给我们物质方面的援助，因为你们的急公好义，给我们大宗的帮助，使我们能顺利推行救济工作。无数的难童、难民以及流离失所的同胞，在他们悲惨的绝境，得到了资助与安慰。

现在完全胜利降临了，我们先要感谢我们的创造者，并且要积极缔造真正合乎基督精神的和平。科学家的发明原子炸弹，无疑加速了日本投降的决定，结束了野蛮而徒劳的挣扎。此次战争的结束，我想凡是有儿子或丈夫在军中服役的母亲或妻子，特别来得高兴，可是我同时也能断定，我们一定万分地忧虑，知道如此猛烈的武器，如果落在残暴国家的手里，才真是了不得的事情。原子炸弹的制造方法，虽经严守秘密，然而这是根据着很多科学家所明白的原理，若有相当的资源与时间，或许可以仿造的，如果落在贪婪无义的敌人手里，仍旧可以造成大部分人类的毁灭。

我不相信人类在疯狂之中自相残杀，是上帝的计划与意旨，然而在现世界中，人类科学进步的机智，远胜于精神方面的成熟。倘使我们仍旧道德堕落，精神昏蒙，而不能深切了解那种等待着我们的全体绝灭的祸害，则文明与人道将要自趋于灭亡，除非我们对于联合国参加此次战争所预见的崇高理想，能够积极实现，维护力行，否则我们子弟们的流血与牺牲，都将白费的。

现在我们正在决策的十字路口，时间不允许我们再行蹉跎，错失机会，否则恐将悔之莫及的了。

陈立夫
(1900—2001)

生平简介

陈立夫（1900—2001），名祖燕，号立夫，浙江省吴兴（现湖州市）人，陈果夫之弟。国民党政治人物。1922年毕业于北洋大学（现天津大学）采矿系。1925年获美国匹兹堡大学采矿学硕士学位。是年9月回国，任黄埔陆军军官学校校长办公厅机要秘书，随侍蒋介石。1928年任国民党中央组织部调查科主任。1929年任国民党中央党部秘书长，是国民党历史上最年轻的秘书长。1931年任国民党中央组织部部长。1934年任国民政府土地委员会主任委员。1938—1944年任教育部部长。其间1939年任国民政府战地党政委员会委员。1948年6月18日—1948年12月22日任国民政府立法院副院长。1949年去台湾。1951年定居美国，先后创办养鸡场，做皮蛋生意，同时还在家里做豆腐乳和粽子卖给附近的中餐馆以谋生。1961年因其父亲陈其业病重，首次获准回台。1966年贺蒋介石八十大寿，再次回台。1969年返回台湾定居。2001年2月8日在台中市中国医药学院附属医院病逝，享年一百零二岁。

国力的培养与吾人今后应有的努力

中国国民党革命之目的，总理在其遗嘱中，说得很明白，是在求中国之自由平等。必须中国确实得到了自由平等的时候，国民党总算是尽了相当的责任。但中国现在尚不自由不平等。党的环境恶劣，任务重大，将来党的成功或失败，完全要看中国能否得到自由平等。现在中国处于被压迫的不自由不平等之状态中，本党当然要受一般人的责难。但我们不应灰心，只该惭愧。有许多同志，自“九一八”以后，对国事非常懊丧颓唐，而外面反对本党的人，更集合起来向本党进攻，以为国难之来，本党该负责任似的。我们要求中国之自由平等，当然对国家负责任。不过国难发生，自有其历史的背景。本党负有救国伟大的任务，丁兹时会，遭逢艰危，各方责难之来，势所必然。所谓道高一尺，魔高一丈，就是这个意思。

近来南洋一般同志，会这样问我，为什么中国统一以后，我们还要受国外政治力量的压迫，是否我国政府没有力量呢？我以为中国政府越有力量，党的势力越加发展。则海外华侨所受的压迫，亦必因之更甚。因为本党联合世界上以平等待我之民族，共同奋斗的时候，我们的敌人，自然要对我们更加仇视，对于海外侨胞，当然也更加压迫了。中国现在所遭遇的困难，是经过多少年的酝酿和累积而来的。结果其所以不能达到自由平等地位者，实因国力之不充实。考其症结，全体国民，应共负责任。我们身为党员，对此尤其多负一点责任。如果要打开这种局势，就得大家一致努力，集中力量，以挽救国难。本来革命势力的进展，就是波浪式的进行，并且国家之自由平等，也不是仅靠几个党员所能做到的，必须靠全体国民的努力，而后总有获得成功的希望。所以总理说中国的革命，是国民革命，要全体国民对革命都能由认识而信仰，而发生力量。

始克有济，党不过是一种发动机，由这发动机的力量，再推动革命之进展，但是仅靠这样力量的本身，是不能得到中国之自由平等的。现在一般党员，往往彼此推诿，而不从根本上去努力，这是很大的错误。我们应该随时设法充实个人的力量，不必问人家负不负责，只须自己埋头苦干，以各个党员的活动，推动整个党员的活动。以党员各个人的力量，去充实国民的力量，国民既有力量，国力自然随之充实，而国家也自然可以达到自由平等的地位了。

谈到充实国力，可就三方面来说明。第一是自信力，世界上任何事业的成功，首先要有坚定不移的自信力。如果自己都不能相信自己，又怎样能教人家相信呢？许多人说中国已是没有办法了，这是太无自信力的论调。我们身为党员，尤应力矫此弊，恢复自信力。以为国民倡导。总理在民族主义中对于恢复自信力一层阐述甚详，照总理的解释，自信的意思就是自己估量自己好的地方、坏的地方，都应该认识清楚，然后将好的发扬光大，坏的改变过来。如以为什么都是好的，或什么都是坏的，那不是夜郎自大，便是妄自菲薄，都非我们所应有的态度。譬如中国人会以大刀队和日军作战，一般人便以为达到足以救国，那是妄自尊大；又有人一见日本的飞机大炮，便以为无法抵抗，这是太无自信力了。要晓得飞机大炮固然厉害，究竟也是人造的，中国有的是人，而且中国人的聪明才智也不下他人。难道人家能制造飞机大炮，我们便不能制造吗？只要我们自己肯努力地去干，学机器的学机器，学物理化学的学物理化学，各在其本身的业务中去努力，一定也可以造出飞机大炮，来巩固我们的国防，抵抗日本的侵略。所以我们必须要相信自己，但要相信自己，必先知道自己的“信”就是“真有”的意思，我们要以“真有”的东西，贡献于世界，恢复中国固有的自信力。中国人本来是富于创造力的天才，只因近代科学缺乏以致一切落后，我们须知要恢复自信力，才有“真有”，有“真有”，才能创造。故总理昭示我们第一要恢复民族的自信力，如民族的自信力不能恢复，则一切都是虚矫，而难臻巩固。欲图民族自信力之恢复，首先要恢复党员之自信力，再推而及于国民自信力的恢复。如果党员都先失去其自信力，而欲跻国家于自由平等，便无异于痴人说梦。所以我说恢复自信力，是充实国力的第一要素。

充实国力的第二要素是组织力。我们仅仅恢复民族的自信力还是不够。因为个人的自信力之恢复，只是以解决一个人的问题，不能解决整个国家的问题。因为人类是有组织的动物，要人与人能团结起来集成一个能共信互信的团体，方不致如散沙一样，才叫作有组织，有组织才有力量。中华民族以前是富有组织力的，家族的组织尤为显明。在形式上从个人到家庭，从家庭到生活，以及于国家，在精神上则父母兄弟妻子朋友，有忠孝仁爱信义和平行为的准则。

一切人与人的关系，上下纵横的关系，都一一明白规定，组织可谓非常严密。但近来家族制度崩溃，精神上的组织，渐趋涣散，一切伦理关系都逐渐发生剧变与动摇。形式的组织破坏还不要紧，精神的组织销蚀实堪痛心。所谓礼义廉耻，不过是人与人关系的问题，礼是指对一般人所应取的态度。义是指对人所负的责任。廉是指界限分明，耻是指有所不为。这都是人与人的关系中精神上及形式上的规定，丝毫不容混乱。现在因家族制度的崩溃，礼义廉耻的丧失，人与人的关系混乱，致弄成国家无组织而混乱的现象。故总理在时，大声疾呼，要恢复民族的组织的力量，主张由家族制度扩充为国家制度，由家族观念变而为国家观念，然后可以造成有组织的社会。欲求社会的组织严密，第一当懂得民权初步的运用，使在有组织的团体中，知道每个人应该怎样做事。整个的中国精神组织的基本条件，就是总理所说的“忠孝仁爱信义和平”。现在就这八个字分别诠释如下：

忠就是尽自己的责任。它只是对自己职务讲的，绝不是对上讲的。古人捍卫国家之“城存与存，城亡与亡”的精神，都只为了忠实于自己的职务的关系。孝是人与人间总的关系，也就是人类社会之总的连锁。仁是对一般人的爱，爱是推人及物的爱。信义两个字分别来讲，信是“真有”，义是对事为其所当为，故曰行而宜之之谓义。和平两字，人多以为马马虎虎敷衍便算和平，这真是误解了和平的真义。二人一心谓之和，二人异心谓之不和，故和的真义，就是无分彼此，绝无界限。平的真义，是没有上下之别、阶级之分。所以和平的真义就是在横的方面无分彼此，在纵的方面无分上下。结果是纵横上下，无所不同，此即所谓大同。故三民主义最终目的为达到大同世界，而达到大同世界之基本条件，也就是“忠孝仁爱信义和平”。总理临终“和平奋斗救中国”的呼声，其意是要为和平的目的而奋斗，以奋斗的方法求和平，然后才能救中国。党的责任，是先将党内有能力的分子组合起来，由党而及于民众，扩而充之推至于世界大同。所以我说培养组织力，是充实国力的第二要素。

充实国力之第三个要素就是生活力。整个中国因为生产上的贫困、生活力的衰弱，由物质的困穷而影响到精神上的烦扰。因之精神组织随着农村之崩溃而崩溃，才造成现在严重的现象。例如我们现在耳所闻目所见的东西，多来自外国。穿的吃的用的东西，多仰给于舶来。这是何等伤心的事啊！我们整个国民生活问题，不能解决，便谈不上救国。总理的建国方略只是我们培养生活力的方案。我们必须研究科学，增进生产，然后才可以抵制外国经济的侵略，并充实我们自己的生活。所以我说增进生活力，是充实国力的第三要素。

我们现在把上面的意见概括起来下个结论，就是要救中国，必先充实国力，欲充实国力，必先恢复自信力，培养组织力和增进生活力。这三种力量的典型，可以拿三个主义来代表，自信力就是民族主义的代表，组织力是民权主义的代表，生活力是民生主义的代表。再就综合地说，整个三民主义及第一次全国代表大会宣言，是给我们以自信的力量，民权初步建国大纲，教导我们培养组织的力量。建国方略，明白规划如何培养我们的生活力量。民族有了自信力、组织力、生活力，便可生存，便可以充实国力。要充实国力，使民族得救，必须恪遵总理临终的遗训，务须依照予所著建国方略、建国大纲、三民主义及第一次全国代表大会宣言，继续努力，以求贯彻。我们如能充实这三种力量，国力还怕不充实？国家还怕不能达到自由平等吗？所以每个党员，都应该培养这三种力量，党员有力量，党才可以使全体国民有力量，使整个国家有力量。国力充实，中国才可有救。所以希望各位同志恢复自信力，培养组织力，健全生活力，以增强本党的力量，以充实国家的力量，必如此而后可以臻中国于自由平等，进世界于大同。

好学与学好[①]

大家都在求学时代，对于怎样求学的一个问题，知道的当然很多。现在我要问："大家为什么要来求学?"回答当然是："为的是求知。"再问："为什么要求知?"你们一定要说："为的是明白道理。""明白道理又有什么用处呢?"为的是做事。所谓做事并不是为自己，乃是为别人。若专为自己，便是自私自利了。据我的意见，求学的目的有两种：其一，对人要服务；其二，对物要创造。一般老百姓，知识缺乏，能力薄弱。我们有知识的人应该帮助他们，使他们能够生活，这便是对人服务的意思。其次，人口一天比一天增加，生活资料渐渐感到不足，我们读书的人应该努力研究科学，发展生产，以利民生，这便是对物创造的意思。求学既然具有这两重目的，故求学的时候，不但要求"知"还要能够"行"。申言之，即我们于获得知识之后，还要利用这些知识去帮助人类，创造物质。

以上所讲的是求学的意义，其次再讲什么好学。中国古书上有两句话："日知其所无，月无忘其所能。"这两句话，正可作为"好

① 本文是陈立夫在北平四中学校的讲话。

学”二字的注脚。不会事务，努力求学，已经学会的不要忘掉，像这样学问自然日有进步。若用数学上的符号来表示，则“日知其所无”等于“+”号，x+y+z+……数目越加越大。“月无忘其所能”等于“-”号，x-0-0-……终究无损于x。一个人的学问，如果有增无灭，则这个人的能力一定很可惊的。

“学”与“问”是两件事情，“学”是被动的，“问”是自动的。只学而不问，则所得知识仍属有限。只能被动而不能自动的人，是没有多大用处的，必须一面“学”一面“问”，学问方有进步。故学问兼含有被动与自动的两种意义。

学问=被动+自动

好学之“好”即含有自动的意义，自动地去寻求知识，以服务人群，创造物质，这是好学的第一义。

古人说：“食无求饱，居无求安；敏于事而慎于言，就有道而正焉，可谓好学也已。”意思是说，个人享受不可太奢。做事要敏捷，以免费时间；说话要谨慎，以免惹祸。遇有问题，须向高明人去请教。这是好学的第二义。

中庸上说：“博学之，审问之，慎思之，明辨之，笃行之。”“学、问、思、辨、行”这五步功夫，一步深一步。五步俱做到，学问方算有成。学问不是装饰品，乃是实用品，能知而不能行，则其知识不过是一种装饰品而已。必须做到笃行一步，求学才算有成绩。这是好学的第三义。

以上是讲的“好学”，以下再讲“学好”。

宇宙间有三种东西，曰真，曰善，曰美。真即是“有”的意思，善即是“好”的意思，“有”了之后，再去求“好”。“好”了之后，再去求“美”。社会的进化，都是按着这种次第进行的。中国现在生产落后，物质缺乏，应该先去求“有”，至于“好”和“美”现在还谈不到。大家今日求学，应当先在“有”字上做功夫，努力创造物质，发展生产，使一般人有饭可吃，有衣可穿，等到“有”了之后，再去求“好”和“美”。日本因深懂这个道理，事事都模仿西洋，努力去干，以求其“有”，所以国家日趋富强。中国今日之青年则不然，只想求“好”求“美”，而忽略最基本之“有”，岂不知道中国快穷到连饭都吃不上了，哪里还谈得到“好”和“美”呢？希望大家对于这一点认清楚。在求学的时期，一面要将个人欲望减低，一面要努力创造物质，以求国家人民之“有”。所谓学好，即是此意。

总括起来说，我所希望于大家的是，增加生产技术，抑制不正当的欲望，赶上世界的学问，服务人类，创造物质，以跻中国于自由平等之域。大家如果能下最大决心，则这种目的，是不难达到的。

张学良

(1901—2001)

生平简介

张学良（1901—2001），字汉卿，号毅庵，生于辽宁省鞍山市台安县。奉系军阀首领张作霖的长子。民国四大美男子之一。国民党陆军一级上将。曾发动震惊中外的西安事变，周恩来对其评价是："民族英雄，千古功臣"。1919 年 3 月入东三省陆军讲武堂，毕业后历任奉军营、团、旅、师、军、军团长和空军司令等职。1928 年 6 月，其父被日本关东军炸死后，出任东三省保安总司令；12 月宣布东北"易帜"，任东北边防军司令长官等职。1930 年 10 月就任中华民国陆海空军副司令职。1933 年 3 月热河省沦陷后，代蒋介石受过辞职。1936 年为逼蒋介石抗日，与杨虎城于 12 月 12 日晨发动了著名的西安事变，扣留了蒋介石，通电全国，提出抗日八项主张。周恩来、张学良、杨虎城协商和平解决西安事变，并达成了六项协议，为实现第二次国共合作，走向全国抗战奠定了基础。事变后被蒋介石长期软禁于南京。1946 年 10 月蒋介石将其转至台湾继续软禁。1988 年蒋经国去世后，才逐渐获得人身自由。1993 年 4 月受聘为东北大学名誉校长，5 月受聘为哈尔滨工业大学名誉理事长。1995 年离台，侨居美国。2001 年 10 月 14 日在美国病逝，享年一百零一岁。

各尽其职，国事有望[①]

1924 年 12 月

今日幸得与诸君共聚一堂。良素无所畏，即吴佩孚之大敌当前，良亦不觉有何可畏，此为诸君亦深知。但今与诸君相聚，不觉有所畏惧，此良一无学识，二无经验，三无功劳，以良此三者与诸君较，仅足供诸君奔走之役，何敢与诸君同座。良不过一军人，自己但知军事，他无所学。良决不愿为军阀。军人所以成阀，固不仅问分内事，且干预分外诸政。良意但做苦事，不争权力，以免为大军阀。望诸君对良多教训，良不愿受他人之推戴，诸君皆学者，良虽欲有言，实不敢以贡献于诸君。

良知教育界年来甚苦，自己当尽力为诸君财政权之友，及转为段执政、总司令等言之。此本个人良心之主张，非为求名，亦非为诸君欢迎故。良私意以为军人与教育界皆当各问自己分内事，各尽其职，勿问政事，国事或可有望。吴佩孚为一好军人，唯以干政故，

---

① 本文是张学良在北京大学欢迎会上的演讲。

致失败。

中国唯一希望在青年，青年之根本在教育。不出风头，各尽其职，良所愿与诸君共勉者。青年求学时代，最好不必干涉政治。此良之愚见，此言或诸君不爱听者。此皆良本诸良心之言，诸君爱听与否，所不敢计。

对毕业生之六大希望[①]

1929 年 7 月

今日为诸君毕业之期，得共会一堂，不胜荣幸。以吾个人视之，今日得与诸君相会，恐怕为最后一次，故今日所云者，可谓临别赠言。然依依之情，何能自已。

吾人从事社会事业，应尽之义务无穷，而互相之希望亦无已。今后之希望于诸君者，约有六端：

一、勿自满。满招损，谦受益——至理名言，毋庸喋喋。益存自满之心，作骄必败，诸君勉之。

二、学与德俱进，勿懈怠。世间无处无学问，诸君勿以毕业后而学足矣，因之懈怠。仍希望努力前进。

三、打破恶劣环境，努力奋斗。青年人心理纯洁，一入社会，往往改变常态。希望诸君出校改造社会，勿被社会改造。

四、做事有恒。青年人遇事务，始则极其热烈，终则意冷心灰。

① 本文是张学良在东北大学首次毕业生典礼上的演讲。

希望诸君要永久保持适宜温度，成则不喜，败则勿馁。

五、本良心做事，为社会服务。

六、为东大争光荣，具百折不挠之精神。诸君为东大天字第一号之先锋，希望好好打开山路，领导后起同学，为东大创一块有荣誉之招牌。

最后并希望诸君勿忘母校，精神勿涣散，感情永存在，双方互相期望，努力救国。

在欢宴国联调查团席上的致辞

1932 年 4 月 11 日

李顿勋爵与调查委员团诸位先生：

今日余以极大之欢欣，对诸君作恳挚之欢迎，余之欢迎诸君，因诸君代表根据国际合作与公道之原则所组成之世界团体。该团体十二年来，于增进和平与安宁，大著成绩。吾国人民，际此国难深戚之中，睹诸君之驾临，尤为欢忭。盖知友邦与国联必能竭力以和平之方法，并决定中日两国间坦白公正及荣誉的邦交之途径，以解决两国间争端也。

贵团事业之成功，即远东和平之恢复，此吾人皆知与世界和平大有关系者也。中国人民与世界文明各国相同，深信和平之重要与战争之无益，此固不必赘言者。由是之故，吾人对于日本在东北各省及沿海诸地，如上海等处所做之武力侵略及任意破坏，深致愤懑。自去年 9 月事变发生后，中国政策即在始终恪遵国联盟约所列之义务。不幸日本不顾国联行政院屡次之决议，实行武力挑衅侵略中国之深谋的政策。中国为国际和平与好意及对国家安全之天然愿望所鼓动，仅以自卫是图，并一再告诫日本注意非战公约与国联盟约之义务，盖以其为非战公约之签字国，且为国联会员国也。余望我政府代表，与诸君讨论关于中日争端之法律上与政治上各事，故余于此，不欲再作讨论，但拟请诸君注意根本数点，以作公允之考量。

一、东三省在历史上、政治上、经济上实为中国整个之部分，东北居民为有悠久历史各种民族之大集合体，彼等皆为中华民国之自由的公民。就经济而论，东北为中国国家经济上不可分裂之一部分；就政治而论，数世纪来在中国之发展中，曾占重要部分。故东北之在今日，全国四万万五千万人民实视为祖国重要之部分，正与山东、江苏、广东等省相同也。彼指满洲为中国域外之部分，或全借武力在东北设立非法之傀儡政府，实图掩蔽土地侵略之野心，而志在违犯 1922 年华盛顿签订之《九国公约》中规定（尊重中国）主权独立与夫土地行政完整诸原则也。

二、吾国今正在大变迁中，外国观察家随地可睹社会上、经济上、政治上显著而真正之变更。此项变更，实为重定结构，以求新均势之必然的结果。吾人觉中国之维新，将为 20 世纪之重要事件。正如 19 世纪睹德国、意国、日本之兴起，20 世纪将睹中国之兴起。但在任何社会政治大改革之际，必多少有俶扰紊乱。如工业革命后之欧洲，1789 年后之法国，独立与内战后之美国，均有惨烈之骚乱，此皆斑斑可考者也。中国今日为变迁中之国家，自不能逃英、法、美所遭历史上之公律，且断不能期其信宿即告成完美之政治秩序也。况中国幅员广大，视俄国除外之欧洲面积犹过之，则其事业，必更艰巨。中国户口，据最近估计，超过欧洲全部之总数。而国民党运动，拟同时进行政治革命与社会、工业、文学革命，吾人希望中国之友邦与列强政府能体谅此种改革之伟大，吾人切信工作之活泼精神，实为新世界一种新动力，可更巩固世界之团结与世界之和平。日本政治家有公然指中国国家不统一者，亦有指中国为非新时代之国家者，在吾人观之，此种言论，实含有政治作用，希图掩蔽世人之目，使不能睹中国经营之真正力量也。

三、此次中日争端之真正原因，实在中国经济社会之进步，与渐臻政治统一，而非在中国政府不良，或社会停滞也。日本久抱宰割东三省之野心，1915 年后尤为显著。日本恒以东三省之铁路发展为其宰割之工具，且竭力妨害吾人发展交通与天然资源，故铁路问题，实为中日争端第一主要原因。闻贵团主席李顿勋爵曾在南京演说，述及中国如此大国，而缺乏铁路与其他交通方法自难免遭遇困难云云。吾人在东三省已早鉴及此点，故近三年或三十五年来，力图扩张交通，以便联络全国，保护边陲，并奠定国民之经济幸福。自民国成立以后，东三省在社会与经济建设上，均大有进步，曾造成许多道路与铁路，曾开办许多学校与文化机关，曾设立许多工厂，曾开垦许多荒地。近年来由中国内地徙居东三省之人民，岁逾百万，日本虽图控制东北之经济事业，然该地经济与社会发展，多为中国自己努力之结果。在政治上，虽日本屡次告诫东北当局勿与闻中国〔其〕他部分之政治，然东北参与中国政治之发展与统一，业已真确而完全，因此实业与文化之进步，及政治之渐臻统一，尤其为余之与中央政府协力经营以求全国统一政策，及中央政府注重东北政治之政策而任余为中国陆海空军副司令，遂引起日本之仇对，卒乃以武力违法占据东三省。

诸君身赴东北，实地视察，必能使中国国民以及爱好和平之人士，对于公理胜强权、和平正义胜刀剑之理论，益坚其希冀与信仰。为国联将来计，为世界宁静计，并为中日两国福利计，吾人所盼望者，只在诸君以明哲之意见，公正之精神，得一公平解决，盖必解决公平，然后国与国间之和平方能稳固也。余信中国政府与人民，将来对于调查团与国联行政院，以公平之精神所拟定之解决方法，必能接受。倘令远东和平，能因此国际之正义与公平而臻于巩固，则此世界间新兴势力素爱和平之中国人民，将必能协助世界，使更跻一较良好之地位。

诸君调查进行中，凡有关于搜集材料、讨论问题，余必竭力相助，开诚相示。贵团希尼博士，在其所著《德国殖民之已往与将来》一书中最后一章之末句，曾谓“虚伪虽可侥幸一时，然真理与正义终难隐蔽，亦绝不能阻止一特具文化和平勤勉的民族之生存与繁荣”，实属洞中窍要。谨以此杯祝诸君康健，并祝诸君伟大使命之圆满成功。

“九一八”三周年纪念[1]

1934年9月18日

吾人于兹凄风苦雨中，哀我国殇，缅想往事，瞻念来兹，固多足为吾人所伤感者。唯时至今日，徒伤感复何益？必易伤感为兴奋，易哀痛为悲壮，于万分艰苦中，力求奋斗，以期有补时艰，湔雪前此之奇耻大辱，尤以吾侪军人应深怀于责任之艰，痛下“三军可夺帅也，匹夫不可夺志也”之决心，有生之日，奋斗不息，庶足以恪尽职责。吾人首应深悉何以造成此空前未有之国难，然后始能在奋励图强中，觅其自救之道。“夫人必自侮而后人侮之”之谓，实吾侪所应永自警惕者，尤须知己知彼，而知所努力，则国事非不可为，事在人为之耳。吾人于此云雾惨淡之笼罩下，唯有本诸吾人全副之精神、血和力，坚毅果敢，排除万难，则必有拨开云雾之日。以吾侪之生命犹容或不足以解除我全民族之苦痛，则有子孙继吾志，子

---

① 本文是张学良于“九一八”三周年纪念日在武昌总部礼堂的讲话。

孙不能竟全功，则继之以千年万年，终必有达到最后愿望之时，此吾人于忍痛志哀中所应共具之最大信心。果能永久秉此信心以赴之，吾敢断言必能取得整个民族之复兴，吾人在今日之处境中，不必怨天尤人，凡事须求诸己，不必徒事哀感。于坚苦卓绝中健全自身，勿逞一时之兴奋，应永久保持此种兴奋精神，向前迈进，则吾侪可无日不在纪念此奇耻大辱之国难，而以最大努力，践踏先烈血迹，以图存救亡也。

对东北大学西安分校学生的讲话

1936年3月28日

我很想和你们常常见面，因为职务繁忙关系，未能如愿。今天和你们相见之下，有无限的感触。东北的青年，今日到西北，将来到什么地方，尚不可逆料，这不但是东北人，即中国全国人民也是如此。回想在北陵时代，有堂皇富丽校舍，若和现在校舍两相对照，不但诸位觉得苦，同时更使我有无限伤感。

不过古今圣贤、英雄豪杰，先不受苦、先不失败而凭空成功者不可多见。“多难兴邦”“无敌国外患者国恒亡”这两句话，并非随便无稽之谈。诸位想想，复兴民族之责任，固是在全国人民之身上，但东北青年所负之责任，比较重大，若不自己勉励自己，去苦干，去创造，将来指望什么？所以我盼望诸位，由感慨变作兴奋，国家光荣，在我们身上，国家失败，是我们未做好。如果大家能抱定这种心理做去，我想我们的失地，总有一天是我们的。

西北历史遗迹最多，那正是表现我们先祖先宗，当年并非如此无能，绝非如今日之受人凌辱侵略。一到此地便可知道，中国由秦、汉、唐以来，建设之伟大，历史之远久，以西北为最。由此可见：一国之强弱，在乎其国民之能振作与不能振作，如果自己肯埋头沉心下苦功夫去做，什么难事都可以做成功的。

一般青年都犯一种苦闷病症，由忧国忧民以至于自暴自弃。要知道，国家之弱，非一朝一夕而来，所以也不是我们一朝一夕所可解脱，好像得病容易除病难，是一样的道理。因此，我要勉励同学下列数事：

一、要有沉痛心理。我们每个人都有他自己的特殊环境，总觉精神上不能满意，除非你是冷血动物，可以不回念以往。所以，我盼望你们无论做什么事情，不必先看效果，要先见效果未必就是效果，不见效果的未必不是效果。好似吃药一样，吃下药未必即时好病，吃下药病就即时可好，未必就是好药。所以凡是一桩事情，正面看是坏的，侧面看倒有很多收获，正如九一八事变一样，中国失掉的固多，同时国人知道团结，知道猛醒，除去陈腐之气等等，收获方面也得了不少。失掉的不必要即时找回，要在悲愤中找兴奋，找进步，无失败何能成功，不退化焉见进步？在我想，我们的苦痛还不只如此，恐怕日后还有比今日更多的。

二、须自己要强。当年袁项城[①]应许“二十一条”时，我是学生，热血，反对。及至二十年后在我执政，还不如人家，个人才浅力薄，固所自知，然而社会问题也太复杂。换言之，二十年来，国人依然不知自强，东北青年今后须根本彻底地觉悟，你们所负的复

① 袁项城，即袁世凯，因其为河南项城人，故有此称。旧时对人称郡望是表示尊重。

兴民族责任重大，所以要受苦，我先去；要牺牲，我先去；要流血，我先去。没有这种精神，谈不到救国自强。

现在一部分人也有希望外国人先和外国人战争起来，我们从中取利的，这是幸灾乐祸的心理，于实际无补。人家不强，同时你自己也未强，等于无用，自己不振作，自己便吃亏，因此，我们只可责己恕人，不必去骂那四角钱一天的便衣队①，也不必骂人家不帮我们的忙。

《谭嗣同传》上载着一段事，就是戊戌政变在六君子未遭难以前，有人劝谭逃走，他不走，曰："不流血，不足以促政变。"请问我们东北事变，谁流了血？谁有这种精神？

任何可以牺牲，国家利益不能牺牲，最低也得不由我手里断送。有人说中国人自私，其实中国人并非彻底明白自私。有些人动不动骂人家不牺牲，先要先看一看你是否肯去牺牲，你要牺牲不必问合算不合算。中国以前有些官吏，自己要看自己的"德政"，这是不对的。要种树不必要我自己吃果子。

关于本校一切，我要向你们说明的，就是现在本校不是东北时代的学校，中国也不是以前的中国，所以我们不想前不想后，要顺应环境，吃米吃糠都可以。环境愈苦愈能成功，东北人现在吃苦，就是当年享受太多的反照。我们东北大学学生，有他的特殊使命——回故乡。所以我们造就学生出来，非但要有专门学识，还要训练他有比专门学识更深的基本工作。将来复兴民族使命，要使举

---

① 九一八事变后，日本出钱雇用我国流氓、土匪、兵痞等组织便衣队，在天津、北平等地发动暴乱，企图转移国际对九一八事变的视线，并乘机夺取天津。在张学良的支持下，由河北省主席王树常、天津市代市长张学铭等组织保安队、警察平息了他们的暴乱。

国都企望在东北大学学生身上，学生要没有这种勇气，不必在东北大学。

西北地方是我中国先祖发展之地，中国地方很大，各地风气不同。入乡问俗，西北人能吃苦，是我们知道的，希望你们能常到农村去，知道他们的思想如何、心理如何，做将来可以和民众打成一片的准备。

学校前途方面，我简单一句话，凭我自己良心说，我对东大比任何人都关心，我尽力设法维持，将来校址基础有一定，必尽力量设法将全校来集合在一起。

这以后我更忙了，三二月内不能常到校，但同学个人有何难处，我必尽力帮忙。

在西安电台广播讲话

1936 年 12 月 14 日

各位听众，各界同胞们：

东北沦亡已经五年多了，华北也几乎名存实亡，西北的危机，也一天比一天地加深。“九一八”后政府所签订的几次协定，实在是断送了许多的主权。日本基于一贯的大陆政策，整个中华民国眼见就要沦为日本帝国主义的殖民地了！

我们的隐忍已经到了最后关头。近来国际情势越发危急，我们再不起来向我们最大的敌人反攻，恐怕以后再没有机会了。

绥东的抗战，全国民气激昂万分，在这个时机，我们的中央政府，我们素日所拥护的领袖，应该如何激励全国军民，发动全国的整个的抗日战争，而事实上我们的忠勇的守土将士，正在前方浴血杀敌，我们的领袖还是胶执“剿匪”的主张，把国内大部的兵力财力，都用在内战式的“剿匪”上。我们的政府的诸公，在后方力谋妥协，只顾苟安一时，不惜把民族立国的精神完全断送。

此外更在上海逮捕了大批爱国分子，查禁了十四种救国刊物，以致人心愤慨，舆论沸腾，这种情形是大家共闻共见的。12 月 9 号西安学生游行，完全出于自动爱国的精神，并无扰乱秩序的地方，蒋委员长竟主张以武力弹压，并申斥必须以机关枪扫射，才能停止这些青年爱国。几次苦谏均被申斥、拒绝，绝无改变他的主张的希望。

学良追随蒋委员长多年，为公为私实在不忍坐视蒋委员长因这种行为，走到自误、误国路上去，不得不实行最后的诤谏，希望蒋委员长能有最大的反省。

现在蒋委员长在此极为安全，诸位要知道我绝不是反对蒋委员长个人，是反对蒋委员长的主张和办法。反对他的主张和办法，使他反省，正是爱护他，至于我个人的主张，不合民意，必至覆亡。这话不但我不信，恐怕除了少数汉奸以外，全国的民众都不信。我们可以问问全国民众，还是愿意立起抗敌、死里求生呢，还是屈辱到底、任人宰割呢?!

一个国家必须有坚强的中央政府，但是中央政府必须建筑在民意的基础上。合乎民意的政府，当然要誓死拥护的，若政府措施违反民意，一定会把国家领到灭亡的路上去。大家只知做官，自然有改组之必要。我们这次举动，完全是“为民请命”，绝非造成内乱。一切办法决诸公论。只要合乎抗日救亡的主张，个人生命在所不计。若有不顾舆情，不纳忠言，一味肆行强力压迫者，是即全国之公敌，我们为保有国家民族一线生机打算，不能不誓死周旋，绝不屈服于暴力之下。即不幸而剩一兵一卒，亦必用在抗日疆场上。天日在上，绝无一字之虚伪。诸位要知，我们谋国只应论事不能论人。一般不识大体的人，或者说我们的举动有犯上之嫌，若就事论，试问全国四万万五千万民命重，还是蒋委员长一时之身体自由重？我们也曾用过种种的方法，请求蒋委员长即刻领导起来抗日，不要摧残民气，他始终不听，我们才不得已而行权。我们的心地是绝对纯洁，我们的方法是绝对正当，如有反对者，必为全国人民所唾弃，结果必归失败的。

今后我们要共同负起抗日的神圣任务，共同走上民族解放的阵线上。我们否认对日一切屈服的条约，我们要确实实现孙总理最后所诏告我们的“唤起民众”及“联合世界上以平等待我之民族，共同奋斗”。

最后我们要郑重地向国人提出八项主张：

一、改组南京政府，容纳各党各派，共同负责救国。

二、停止一切内战。

三、立即释放上海被捕之爱国领袖。

四、释放全国一切政治犯。

五、开放民众爱国运动。

六、保障人民集会、结社一切之政治自由。

七、确实遵行孙总理遗嘱。

八、立即召开救国会议。

我们愿诚恳地接受各方面的指教和批评，对任何人都认为是中国人，对任何党都视作抗日的力量。

附带声明一件事，就是现在南京方面，把我们的电讯隔断，并且给我们造了很多谣言，他们不愿意国人知道我们在这里做些什么，真是一件不幸的事。我们希望国人明了真相，我们不愿意任何人利用这个机会造内乱，给侵略我们的帝国主义造机会，我们只求有利于国家民族，至于个人的毁誉生死，早置之度外。广播完了。

在西安市民大会上的演讲

1936 年 12 月 16 日

各位同胞们：

我们今天在这里开会，我相信我们的心里，都是一样的！

各位同胞对“一二·一二”事件的原委，想诸位大概已经知道了。这次事件，是我们一些人为了实行救国的主张，置生死毁誉于度外，不顾一切，“为民请命”，我们为了国家的复兴，早有“生死以之”的决心！

在“一二·九”那天，我曾经向请愿的同学们讲，关于抗日问题，一星期内，有事实答复，想诸位还记得。那天的事情，真是给我一个大的刺激，现在我再把发动“一二·一二”事件的近因，也是最主要的原因，简单地向诸位讲一讲。

我同蒋委员长私交感情很好，所争的就是政治主张。我几次用书信诤谏、当面诤谏，请他放弃他的错误的反民意的主张，领导全国民众从事于全国民众所愿意的工作，做一个全国民众所爱戴的领袖，可是他不但不接受，近来反变本加厉了。

他在上海逮捕了七位救国领袖，我为了这件事，曾单身，一个人没有带，乘军用机飞洛阳，请他释放那几位无辜的同胞。其实我同那几位既不是亲戚，又不是朋友，有的见过面，有的不太熟。而我所以积极援救他们，不过是因为主张相同，意志相同，蒋委员长决不采纳我的请求。后来我说：“蒋委员长这样专制，这样摧残爱国人士，和袁世凯、张宗昌有什么区别?”他回答我说：“全国只有你这样看，我是革命政府，我这样做，就是革命!”诸位想想，他这话有没有道理?

因为“一二·九”西安学生运动，我同蒋委员长在言语上发生了很大的冲突。我认为学生请愿的动机，绝对是纯洁的。处置办法，只有和平劝导，和使学生，也可以说使一般民众满意的事实来答复。而他却说：“对于那些青年，除了用枪打，是没有办法的。”各位同胞们，我们的枪，不是打中国人的，任何中国人的，我们的枪，所有中国人的枪，都是打日本帝国主义的。由于上项事情看来，我们认为蒋委员长的主张和决心，用口头或书面的劝谏，是绝不能改变的，所以才同杨主任和其他西北各将领，发动“一二·一二”的事件。

我们现在把我们主张清清楚楚地拿出来，清清楚楚地报告于全国民众的前面。同胞们！我们只求主张实现，此外我们既不要钱，也不要地盘。我们为了实现我们的主张，我们要立于抗日战线的第一线，我们要在抗日战线上效死。同时我们要求全国同胞，一致起来走向抗日战争，有力量出力量，有钱的出钱，尤其是武装同志、壮年同胞，一定要把一腔热血，洒在抗日战线上。同胞们起来！我们的主张要我们自己来实现!

诸位的情绪，十分热烈，深感诸位能把这种热烈情绪，坚持到底，用实际行动来保障诸位的热烈的情绪。诸位同胞，我们是诸位的公仆，我们替诸位打前锋，至于最后的胜利，还赖全国人民，一致起来争取。

今天本人受诸位同胞这样热烈欢呼，真有点不敢当，本人以戴罪之身，做抗日的工作，为公为私，都是应该的。本人一定要竭尽智虑，要求实现救国主张，不达到打倒日本帝国主义，整个民族解放的目的，誓不休止。

抗日复土是我们的光荣责任

1937 年 1 月 1 日

危机四伏、困苦艰难的民国二十五年，已如逝如水般地飞去，关系民族存亡绝续的民国二十六年，又随时序的嬗变俱来，我们当这样的一个新年元旦，想想我们的国家前途，想想我们的故乡惨状，应该怎样决定我们今后的任务？再看看国防潮流的激荡、国内新局面的展开，我们更应该怎样振起我们的精神，坚强我们的意志，认清我们的目标，巩固我们的战线，来为民族国家及至全人类的和平而奋斗？

民国二十五年，即西历 1936 年，谁也知道是世界和平的最后关头，谁也知道是中国存亡的重要关键。列强海军条约在这一年里时效届满，日本作俑于前，其他国家，便也暗渡陈仓，卒至明目张胆地实行扩军于后，届时加以清算，结果便是战争。所以世界人士对于 1936 年，总是谈虎变色，我们中国是国际的一环，自然也不能独为例外。现在，这一个年度，已经是勉强地度过，但世界的危机，却因此而益见其严重。事实告诉我们，只有战争才能换取人类的真正和平；也只有战争才能争得被压迫民族的自由与解放。

我亲爱的将士们！在今年具有重大意义的元旦，请你们首先认清这一点。

我们还要认清：去年“双十二”事件是我们国家存亡绝续的分野，我们自相所杀的内战，是要从此绝迹了，我们抗战复土的光荣战争，是马上就要见之行动了，我们的民族与国家已有了复兴的希望，这显然是我们中国划时代的一个事件，不独使我们可以期待着国策转变适合了民众的要求，且已投下了一块巨石于国际深潭，忽然飞沫四溅警醒了世界苟且偷安的人士与夫野心帝国主义者的憧憬与迷梦。

这次事件的动机是基于广大民众的要求，而这次事件的结束是仰仗着领袖人格的伟大。我与杨主任只是拿一点赤诚，做了民众与领袖中间的一个引线。所以我对你们的希望，不只是认清“双十二”事件的真假，同时还要你们认清我们最高领袖爱国家、爱民族、爱真理崇高的、伟大的精神与人格。

自从12月25日，我恭送领袖入都后，不到几天，便是民国二十六年的元旦了，无疑地，它已给我们带来了无限光明，同时也给我们加重了无限责任，抗战复土的责任！我们当然不要怕，但也不能忽视这种光荣责任的异常艰巨，因为这样的热血，企求我们的责任能够顺利地完成，争得民族复兴的最后胜利。大家要知道：一个划时代的事件发生之后，必须有一种划时代的精神和行动随着产生，然后这种事件才有了真实的意义。这在我们军人方面，便是立刻加紧我们的抗日训练——精神的、技术的、体力的，三者有一种不够便不能算是好军队，能够担起杀敌复土任务的好军队。

我亲爱的将士们！抗日复土的光荣责任，已经加在我们的肩头了！我们能否担起这种任务？马上就是实验的最后关头，光荣可以属之我们，羞辱也可以属之我们，其中的最后选择，只看我们能否马上就加紧训练起来。

我亲爱的将士们！这当然都是你们无可逃避的责任，我希望你们都能够真干！就干！在我个人，自然也有我本分内所应做到的种种任务，我绝不丝毫忽略稍稍放松，关于这一点。你们务须放心，努力去干，不要有任何的踌躇和疑虑。

我亲爱的将士们！民国二十六年已从今天开始了！这显然是我们民族解放斗争的开端，也正是我们民族复兴的起点。以往，我们也曾为急于“回家”与不甘容忍而怨恶政府，但现在已迥非从前的情形了。我们当此新年开始之日，过去的，只如听其过去，不要再去怨望；现在的，我们必要把握得住，也不必再去讴歌，怨望不足济事，讴歌便有情心，现在是我们的主张就要见诸行动的时候了。我亲爱的将士们！你们真爱我们文化悠久、广土众民的祖国吗？你们未忘我们故乡的父老兄弟和田园庐墓吗？你们知道我们民族的最大敌人，就是强占我们东北四省，现在还在侵略我们中国的日本帝国主义者吗？好了，现在就请你们随着这次的元旦一致努力，加紧训练，待命杀敌，务求在最近的将来收回我们的白山黑水！

蒋经国

(1910—1988)

生平简介

蒋经国（1910—1988），字建丰，浙江省奉化溪口人。中华民国政治人物。蒋介石的长子。1925年10月赴苏联留学，就读于莫斯科中山大学。1927年因蒋介石发动“四一二”反革命政变，被流放到西伯利亚当列兵。1928年秋回到莫斯科，在列宁格勒托玛卡红军军校学习。1935年在苏联与矿场女工芬娜结合（芬娜后来改名叫蒋方良）。1936年1月在苏联《真理报》发表谴责蒋介石的公开信，第二年回国。1938年加入中国国民党，被任命为赣县县长。1939年以后历任江西省第四区行政督察专员、“国防部”总政治部主任、“行政院”国军退除役官兵就业辅导委员会主任委员、“国防部”部长、“行政院”院长等职务。1975年起就任国民党中央委员会主席兼中央常务委员会主席，后担任第六、第七任“中华民国总统”（1978—1988）。1987年宣布解除台湾长达三十八年的戒严令，开放台湾外省籍民众赴大陆探亲。1988年1月13日病逝于台北七海官邸。

第四区扩大行政会议开幕词

1940 年 11 月

各位来宾，各位同志：

江西省第四区行政督察专员公署，为了检讨过去的工作、决定今后努力方针，同时讨论新赣南三年建设计划，所以召开这次的扩大行政会议。

今天，参加的会员，在百忙中已经从遥远、交通阻塞的地方来齐了，这是我们第四区工作同志的精诚团结、坚持工作的具体表现，同时蒙各界代表热烈地来参加，这对赣南建设事业的关心，是给我们事业胜利的一个新的保障。

扩大行政会议的意义，是集中了赣南一百六十万人民的意志、力量，来从事三民主义新赣南的建设的开始。本人在这个时候，希望把三年计划的具体情形，提出来对大家讲讲。

一、克服自然，创造新生活

总裁说过："宇宙是无穷大的，空间与无限长的时间之结构。"

而我们个人的生命，却渺小如沧海之一粟，短促如昙花一现，然而，无穷大的空间，却是我们的舞台；无限长的时间，却是我们的旅程。宇宙万物，都是为我们而生，待我们而用。所以我们就是宇宙的主宰，我们要征服自然，利用万物来增益人类的生活。这是人生的真理。我们人类所以能生存在这伟大的宇宙里，一年比一年、一代比一代地进步繁荣，这是因为我们有聪明的头脑、万能的双手，能够克服自然，征服自然，利用自然。今天，我们能够建筑桥梁，开辟道路，造房子，穿衣服，改变水道，这是为了我们要生存，要生活，过去我们的桥梁是用一根绳子，但是我们现在用的是木板水泥；过去我们住的是山洞，现在住的是几十层的高楼；过去我们穿的是树叶兽皮，现在穿的是丝织品、毛织品。这些，都是证明了人类有力量去征服自然。人类进化的历史，也就是人类和自然界斗争的历史，所以，在今天，我们说，只有运用自己的脑力，运用自己的气力去克服自然，利用万物而创造出来的生命，才是真正有意义、有价值的生命。

今天，全国人民在总裁领导下，不惜任何的牺牲，团结起来抗战，也就是说明了我们要在这无穷大的空间里、无限长的时间里，来确定自己生命真正的意义。我们不但要有东西吃，同时，应当有鲜美的、有滋养的东西吃。我们不但要有房屋住，同时应当有新式的、设备齐全的房屋住。我们不但要有衣服穿，同时应当有美丽的、舒适的衣服穿。这是我们抗战建国最后的目的，更是我们真正生活意义的所在。所以在这个伟大的时代里，每个人应当认清自己所处时代的特殊意义，积极锻炼自己的身心，培养自己的高深学问和技能，去和大自然斗争，去和阻碍人类进步的敌人斗争。今天，革命真正的目的、真正的意义就是利用自然，创造新的社会、新的人类生活。

总裁说过："生活的目的，在增进人类全体之生活。生命的意义，在创造宇宙继起之生活。"这是革命的真理。也就是总裁四十年来革命的一贯精神，打破旧的制度，创造新的事业，这是革命的意义，牺牲个人的利益，为大家谋福利，这是革命的精神。今天，我们既然加入了革命的集团，就应当切切实实地负起救人民、救国家、救世界的责任来。在今天，要完成这个任务，每个人就应当打破自私自利的心理，打破目前的困难，来积极地参加抗战建国工作。今后，更应当认清自己的责任和目标，更努力地来巩固，保障，扩大三年来已得到的胜利。

总裁说："我们过去三年的血战，官兵的牺牲如此众多，民众的损失如此惨重，继造成今天这样的机会和冯藉，我们到了这个最后胜利的关头，只要大家振作精神，努力不懈，则光明即在目前。"所以，在今天我们受敌人的压迫愈厉害，我们抗战的信念应当愈坚决，对于抗战的工作应当愈努力，这才是真正在创造革命事业。

这一次的抗战，在时间上讲，是一个划时代的长期战争。在空间上讲，是有史以来大规模的全面战争。在斗争意义上讲，是一个最艰苦的革命斗争阶级。在抗战意义上讲，是一个在创造人类光荣历史的工作。总之，我们处在这样一个伟大的时代里，每个人应当如何振作自己，时时以抗战胜利为出发点，事事以建国成功为自己的立场，坚持工作，坚持团结，来完成历史的使命。

二、赣南应当站在抗战建国的最前线

我们第四行政区的人口，只有一百六十万，不过占全省人口的百分之九，占全国人口的千分之三。第四行政区的面积只有两万三千平方公里，不过占全省面积13.5%，占全国面积的千分之二。

我们工作的区域是这样小，同时，在军事、经济、交通上比第四行政区重要到几千百倍的，还不知有多少，但是我们绝对不应当以这里的偏僻落后而轻视，而放弃；相反地，因为它的偏僻、它的落后，我们更应当积极地来从事开发，从事建设。总裁说过："抗战一开始，地无分南北，人无分老幼，皆有守土抗战之责任。"我们是中华民国的一个国民，赣南是中国的一块土地。为了自己的生存，为了保护自己的土地，就应当每个人都把自己看作抗战中的一个坚强的门士，建国中的一个劳苦的工人。就是在群山万壑中，亦应当有钱出钱、有力出力地来参加抗战建国。今天，政府既然派我们到这里来工作，我们就应当站在自己的岗位上，恪尽己职，领导赣南的民众，来参加这新事业的建立。在赣南，我们建设事业的开展，是根据这两个原则来决定我们今后的工作方针。

（一）抗战建国纲领是我们的工作原则。在抗战建国纲领中说："整饬纲纪，责令各级官吏，忠勇奋斗，为国牺牲，并遵守纪律，服从命令，为民众倡导。其有不忠职守贻误抗战者，以军法处治。"这个工作原则，是我们应当坚决执行的。

（二）满足人民衣食住行的需要是我们的工作原则。总裁曾训示过我们："要知道地方自治就是要以经济为其基础，就是国家政治，也要以经济为其基础。如果土地没有开辟，地方经济没有发展，一切民众缺衣缺食，如此怎样可以谈到地方自治？所以我们现在要推进政治，首先要确定经济的基础。就是要注意上面说的调剂物资、平抑物价、加强运输、协助农贷、清丈土地、开辟公荒、增加公款。”同时，他说过：“我们一切的行政，都是要为民众创造福利，民众所需的，都要由我们专员、县长负责筹划督促部署，为之促进生产，增加供给，充实储备，满足需要。我们一区一县一切行政的根本首要之图，就是在此！如果这一点不能做到，我们就不配做一区一县的主官，就不能建设革命的政治。”这就是我们真正行政的意义，就是专员、县长所要做到的是什么；也就是我们在从事行政工作的干部同志，应当坚决执行的第二个工作原则。

我们不愿做中华民族的罪人，不愿成为社会上的蟊贼，就应当挺起胸来，抬起头来，勇敢地去牺牲奋斗，做一个堂堂皇皇的中华民国国民，做一个忠实的总裁信徒。

上次，在赣县开工人福利促进会成立大会的时候，有一个工人，曾经说了一段话，他说：“我们知道，我们不努力便没有生活，不努力便没有工作，不振奋便减少了抗战的力量。我们为公、为私、为国家、为本身、为子孙，我们全该努力，全该前进。在过去，我们工人没有组织，更没有训练，自己一个人东走西奔地找不到工作，哪里还谈得到为国家效命，为民族尽忠呢？我们早认清楚使我们没有工作的是日本帝国主义。使我们东奔西逃的是日本帝国主义，我们要工作，我们的工作不全是为了吃饭穿衣，我们受训不完全是为了读书认字，我们组织不完全是为了有联络，饭碗有保障，我们都认清楚了我们最主要的任务是为了打击敌人。我们赣县工人生活促进会的成立，是说明了我们赣县民众已为战争而组织起来了，已为战争而加紧训练了，我们民众已拿了大无畏的精神在等着与敌人决一死战了！”在南康，有一个老百姓作了一个歌，他说：“国亡了真苦楚，睡觉睡地下，床亦不准铺，你说苦楚不苦楚。三五成群说了话，又要捉去打屁股。认字要认日本字，不准你读中国书。日本鬼子好比一个大屠夫，将我中国人民不当数，今日杀来明日屠。可怜我东北失地人民真苦楚，不是啼来便是哭，父老兄弟要觉悟。如今觉悟还有救，若是日本鬼子打进来，我们想走都无路。我与日本有不共戴天之仇，往前进，莫回头，同心协力破釜沉舟，杀到东京消灭日奴方能收。”我们听了这个农夫的歌和工人的话，应当如何反省自己，在今天，是否应当特别提高自己的警惕和努力，是否应当特别地振作精神，刻苦耐劳来工作。我们毫不客气地说：赣南的公务人员，要做一个真正的革命战士，要真正为赣南人民谋福利的，站到一边来同我们共同地来为国家、为民族、为公、为私、为本身、为子孙做一番事业。否则，就不配做赣南的公务人员。

我们知道，民众的批判的力量是最正确的、无情的，我们公务人员，是人民的勤务兵，人民对自己的勤务兵是有权利斥责，有权利选择的。在今天，我们假使违背了人民的利益，他们是可以毫不客气地来斥责我们的，所以认真工作，努力自爱，发挥自己的力量，来建设新赣南，是赣南每个公务人员所应当随时警惕的。

三、赣南在新的转变里

我们为了要建设新的赣南，为了要使第一次的三年建设计划，能够配合在赣南的政治、经济、地理、历史环境里，毫无间隙地、广泛地开展起来，就应当毫不犹疑地认识赣南，认识赣南的过去和现在。每个人能够清晰地明了赣南的情形，分析赣南的情形，这样计划的理论，才能在实践里不断地完善起来。

今天，我们回过头来看看，过去的赣南，是停留在怎样的一个环境。

甲、在政治上

不久以前，我看到一张民国十六年的本地报纸。在报纸上，记载着这样的新闻：

本城木匠工会，欲提高工价，县中绅民一致反对，特于前月28日在公共体育场开会，请县长到场解决。县长以事体重大，乃临场训话，不料绅民暴动，竟将木匠某甲扭打谩骂，县长出为阻止，亦被击破头颅，当时秩序大乱，一哄而散，将来何解决，待探再论。

前晚7点钟，徐县长应召到总工会会议，惹起风潮，至10点钟回署后，旋即电呈省政府辞职，并同时将印信咨送县党部接收。

昨日上午9时，县党部筹备处，因徐县长咨送印信辞职事，待召集各界代表开紧急会，讨价维持县政办法：（一）公推陈铁主席；（二）恭读总理遗嘱；（三）由主席报告开会宗旨，略谓：昨晚因总工会联席会议时，县长到会与工友误会，发生风潮，县长回署即将印信交来，并请维持县政，故特邀集各界讨论办法；（四）讨论维持县政办法（陈赞贤报告谓昨晚钱业店主……）。

结果党部陈铁为委员长，农民协会顾光理、工会陈赞贤、商会刘甲第、学界张俊峰等为委员，各委员互选陈铁为主席委员，即日接篆视事云。在民国十八年的报纸上，也记载着同样的一些事实。

新城蔡屋与西乡塘某数姓民众不知何故，竟于日前发生械斗，迄今仍未停止。昨日有自新城来者，谓最近数日械斗益激，西乡塘方面已毙一人，重伤数人，因此交火益严重。闻新城警察分所长刘君以此项事体重大，已亲自赴庾报告上峰，想当有以处理之也。

县党部常务委员某甲，违背党纲，大肆搜括，去年冬屡欲私开公益捐，以图分肥，幸戴县长坚不答应，致未果行。迨本年夏历3月间，又起而提倡，后因分肥有所偏枯，鉴察委员某乙遂向彼申诉，甚至拳棒交加，打得落花流水，幸有旁观之鲁仲连起前排解，始得寝事。现闻该党务委员仍复滥收捐款，以致城乡市镇烟赌之风，日甚一日，县中民众咸目之为害民贼云。

过去的政治如此，过去的县政就是这个样子。

在南康，有一个老百姓，叫赖秉。他对于当地情形非常熟悉，同时他搜集了许多材料，把南康几十年来所有历任的县长做成了一个歌，现在把它写在下面："邱官忠实人，聪明诈厌庭。若问潘之龙，勉强过得身。唯有郭之福，十分来得凶，拿刀就砍人。胡子陈伯文，亏空数千金。南康李枝煊，做了五十工。唐江卢先生，未曾坐法庭。地方绅商学，公举赖距龄。省城放来了一位卢焕文，卢也做不久，又调李植衡。李官调大余，又调储宗文。诸官一卸任，又调耳东陈。做了二十天，又调双木林，林官一卸事，又调黄庭荣。"这个歌，亦足以反映当时赣南的政治，紊乱到了如何的程度。拿烟赌匪来说，在过去的赣南，更是个弥漫山谷原野的事实，我们在一些统计材料里，就可以看得出一斑的情形来。

在南康县：

（一）吸水烟的，约有三万人左右，平均每人一年消耗六元，共计十八万元。水烟内的木油，每年约耗三百六十担，每担估计四十元，共计一万四千四百元。

（二）吸旱烟的，约有七万人左右，平均每人一年消耗六元，共计四十二万元。

（三）吸香烟的，约有两万人左右，平均每人一年消耗三十元，共计六十万元。

（四）吸鸦片烟的，约有两万人左右，平均每人一年消耗一百二十元，共计二百四十万元，烟油每日平均一人消耗五钱，一年共计两千二百五十担，每担作四十元计算，共计九万元。

单只南康一县，每年在烟的消耗上就得花去了三百七十万元，这个巨大的数目，应该值得我们如何地注意的。同时，在非正式的统计中，赣南人民，平均十五人中间，就有一人会吸烟，这又是怎样一个可惊的数目呢！至于匪和赌的情形，过去更是无限制地在那里滋长。在崇义的文英圩，区署打死了一个土匪，那一个繁荣的市镇，就被土匪烧去了一大半。在定南，县长被土匪劫去，在前年，安远的县长被当地强暴的老百姓捆着游街。在上犹县长亦曾经被绑着游街。

这一连串的事实，更证明过去的赣南政治，是陷落在怎样的一种痛苦拘束里，陷落在一种极度堕落的状态里。这许多政治堕落的情形，我们可以指出它所以成长的原因：

（一）地方政治表面化（所谓擦粉政治）。过去南康县的一个县长一遇到人就讲“礼义廉耻”。但是老百姓却把它改成了“贪、偷、拍、怕”。但是，赣南老百姓的口里，对政府的官吏，所谓“上拍、中吹、下压”的做官三部曲，却也到处地流传着。这些具体的事实，证明了人民对政府官吏的注意，同样，也证明了那时政治的表面化。

（二）虚伪政治。从前上犹的一个县长，他时常用笔写着：“国难严重，凡属国民，均应奋勉，我们身为公务人员应打起精神，卖足气力，从本位上找事。我忠实的同志，同心协力，努力工作，敷衍的人站开吧！”去送给各个小学校。后来，有一个小学生把它改了几个字，变成了：“国难严重，凡属国民，均应奋勉，我们身为公务人员应打起精神，卖足气力，从本位上找‘钱’。我忠实的同志，同心协力，努力‘发财’，‘做事’的人站开吧。”这不是笑话，相反地，这却十足反映了过去赣南政治的虚伪痛心事实。

（三）封建政治。最近，我在赣南各县视察的时候，在一个很小的茶馆墙壁上看到了一张新出的布告：“盖闻朝廷有法律，乡党有禁条，法不严，无以惩奸宄。禁不立，无以惩匪徒，但世风日下，人心不古，故由乡禁者，所以固法律之不及，而用法律者，即以济乡禁之不严。捉获盗贼者，赏铜钱三吊，凡随意砍伐树林者，有钱罚钱，无钱罚打。”同时，有一次，我在一家乡长的客堂里看到一副贺联：“爵列国家委员，提倡药店与贸易；治循民族生路，恢复开便于交通。”

后来仔细一问，原来那位乡长，刚兼了地方公款保管委员会的委员。

不久以前，上犹县的一个保长，为了征兵的事情，结果被人砍成了两段，那时，有人想要去告状，但是那人反被殴打，并且挖去了两只眼睛。

这些事实同样地也反映了地方封建力量的把持。同时，过去公务人员，有很多都是满怀着自私自利的心理，只图为自己打算，因此，政治在封建力量的包围下，永远不能清明廉洁起来。那时，赣南流行着的一句俗语："天大，地大，除了总裁就是他。"是十足暴露了封建政治下的阴惨的现象。

在最近一年来，赣南经过了各级干部工作同志们的努力，已经展开了新的政治战斗姿态了。一年来，我们对赣南浓厚的封建力量，虽则毫不容情，采取极严格的手段，用坚决的革命力量来打击他们，但是，我们相信为了替今后的赣南树立一个新的政治基础，为了使赣南一百六十万勤劳简朴的人民，从重重的封建力量积压下解放出来，为了使赣南人民能够在新的生活里喜悦，我们是应该这样做，同时今后更要这样做。

今天，我们来反省一年来的工作，来检讨一年的工作，反映在赣南政治上的，已树立了的实际成绩。

（一）烟。在赣南大体上可以说已经禁绝，过去烟雾弥漫的地方在赣南到处都是，但是，现在虽在万山层叠中，亦不再看到所谓"高等谈话所"的烟馆的存在。不久以前，我遇到一个姓魏的挑夫，他说："从前吃过三年的鸦片，现在你们强迫我们戒除，当时觉得很不舒服，现在我戒了后，才觉是自己是一个人。"那时，我对他说，人家做了人之后，才做鬼，他们做了鬼之后，才做人。这个姓魏的挑夫后来还说了许多鸦片的害处。同时，有一次在崇义县的一个乡公所里看到一张禁烟的布告："老表，你看烟鬼的末日到了！本年7

月以后，如果还有吸烟的，哼！阎王就要请他去开会，啪的一声就结果了他的狗命。”

这些事实，同样证明了烟在赣南已经是不成一个问题了。

（二）赌。在今天，我们虽则不能说，赣南已再没有赌案发生了，但是我们可以说，在赣南再不会听到“牌声彻夜”的事情了。

我们要禁绝赌博，是为了要使政治向清明的道上走去，就是为了要使社会在良好的秩序下发展，就是为了要使赣南的人民在正当的优良环境里，过着工作、娱乐、休息的生活。

（三）匪。我们对于赣南匪情的处置，很早就提出“不用一颗子弹来消灭土匪”的口号，我们希望用政治的力量、用教育的力量来消灭土匪。有一次，我捉到三个土匪，那时我问他们：“你们为什么要当土匪？你们这次抢到多少钱?”

“我们最多每人分到七元三角。”

“你们难道为了七元三角，愿意断送自己的生命吗?”

他们没有回答，后来，只有一个土匪说了一句：“专员！我错了。”

从这一个事实中，更证明了，“杀”仅是一个消极办法，积极的工作还是应当如何地去教育他们。我们应当这样想，老百姓当土匪，公务人员是应当负起这个责任来的。

一年来，我们对于赣南的土匪，是在这个原则下，展开政治力量，利用清乡工作，来肃清他们。到目前为止，已经有四十六个匪首、五百四十一个土匪向保安司令部自首了。这个数目，虽则不大，但是，足以证明我们的政治力量、教育力量是可以消灭赣南今天所剩留的一些很少的土匪的。

（四）风气的逐渐转移。这一点，我们可在最近流行着的几首民歌里反映出人民对于现实环境的一个新的认识和新的努力。

“日本小鬼子，年年起贪心。想把中华国，一口来鲸吞。幸蒙蒋总裁，宗旨已抱定。长期来抗战，半点不放松。前仆又后继，奋勇不顾身。万众同一心，杀到他东京。还我旧山河，民族必复兴。消灭日本鬼，全国得安宁。杀敌来救国，世代都堪钦。”

“嫁郎要嫁当兵郎，打胜归来升官长。一来尔是救了国，二来我有太太当。”“一脚踏来门后背，走到东来走到西。又想当兵杀鬼子，又想在家带小妹。”“十八亲哥不要慌，尔要当兵尽管当。杀尽鬼子奖功德，扬扬得意转家乡。”“嫖要戒，赌要戒，嫖赌两字会搅坏。如今亲哥年纪小，还要学好做世界。”

这几首民歌里，证明了人民对应服兵役已经有了一个新的认识，他们已经认为当兵是光荣的，认为想当兵又想在家的模糊态度是可耻的。同时，这些民歌里更指出了嫖赌是会毁灭一个人的事业和生命，这就是表示了赣南人民是指望着在一条新的道路上前进。

（五）政府和人民的关系日渐密切。最近，赣县、上犹、安远、信丰、寻邬等县，经过清乡后，政府与人民间的关系，更见得密切起来，目前，在赣南已成立的民众代笔处，有四百三十九处；在上犹，县长出巡各乡的时候先决定好路线布告通知各地，使得沿途的民众，可以准备来向县长诉说的事情。在今天，虽则这些事情还是不普遍，但是，我们相信政府和人民间的桥梁，已经用了一年的努力来完成了。今后，政府和人民的关系，必然地是可以更密切起来。

（六）国家观念深入民间。最近我在各县视察的时候，在大余梅关附近，遇到一个白发老人，在那里休息，我问他是不是广东人或则江西人，他却很兴奋地说：“我不是广东亦不是江西，我是中国人，我们都是蒋委员长的人。”在上犹交叉坳的一个高山顶上的孤庙墙壁上有几个小学生写着：“蒋总裁真正好，蒋总裁是能够救我们的，我们要去打日本。”在崇义的永龙渡有一个六十八岁的婆婆说：“打东洋是我们大家的事，我已把自己两个儿子都送去当兵了。”这许许多多的事实告诉我们，人民已一天天认识了自己和国家的关系，知道只要有了强盛的国家的人民，才能过美满快乐的生活。

最近在乌溪山看了一张布告：“保护森林是当今增进生产之急务，自本通告日起，凡有偷砍树木残害森林者，业经本保大会决议，轻者罚以二元以上五元以下之罚金，重者送究，虽情同父子，绝不姑宽，仰各一体知照，特此通知。——保长彭东山。”

这些都证明了赣南政治是在一天天的进步中。

（七）旁区愈苦的地方，公务人员愈努力，在那里各级干部工作同志都朝气蓬勃地在工作。有许多地方，已经六个月没有拿到生活费，但是他们依旧埋头工作着。这些事实，都给新赣南建设事业成功的一个有力的保证。

但是，我们知道，革命事业是一个艰苦的过程，是一个实际的战斗工作。今天，我们知道了自己的进步力量，更应该检讨自己过去缺点的所在。只有从缺点的本身上去增加经验，只有不断地纠正错误，才能够完成新的工作。

目前，在赣南政治上还余留着的缺点。

（一）消遣地应付公事。每个公务人员，除了应付公事以外，没有创造事业的决心。在大余第六区，民间就流传着这样一种俚语，他们说乡公所里有四个干事，经济干事是“要钱”干事，政治干事是“恶化”干事，军事干事是“要命”“微兵”干事，文化干事是“腐化”干事，这都是因为我们只能应付公事，没有构造事业的决心所致。

最近我在各地巡视归来，照我的统计，一个乡镇长，每天时间的支配是：四小时看公文，三小时闲谈，二小时应酬，但这还是算好的。一个不好的乡镇长，每天是：一个小时办公，五小时在家里玩，三小时应酬。你们想在这种情况下，怎么不会被人民斥责和讥评呢！

（二）自私心理太重。目前，有许多人都是只为自己打算，从来不顾去为大众谋福利，在这里我想到了一座土地庙前的一副对联，写着：“公公十分公道，婆婆一片婆心。”这就证明了人民所需要是“公道”和“慈爱”。老百姓所以不远许多路到土地庙里来拜一个泥的菩萨，而不愿一个乡镇干事进自己的门，就因为老百姓相信土地菩萨是可以给他们“公道”和“慈爱”，但是却不相信乡镇干事会给他们“公道”和“慈爱”的缘故。所以我们公务人员，应当如何努力，如何地将“公道”和“慈爱”去给人民。

不过，我们知道，单靠“公道”和“慈爱”是不够的，因为我们不是土地菩萨，所以，我们更应当用感化的精神去接近他们，如总裁说的“为仁求智，以勇求”，这样才使“公道”和“慈爱”可以灵活地运用，能够深入民间。否则每个公务人员只想为利做官，以官得利，这样的官一定没有前途，一定会永远求失败的。

（三）忽视人民的痛苦。今天，我们说，要建设新的赣南，要做到人人有工作、人人有饭吃、人人有衣穿、人人有屋住、人人有书读的五大目标，但是，目前在赣南尽有许多有屋不能住、有路不能走的事实存在，因为我们忽视了人民的痛苦，没有注视到这些事情的存在和发展，因此，更没有想到用办法去给他解决。举个例来说说，有一次，我问一个保长，在他的一保内有多少结了婚，最近一个月内有多少人生了病，多少人死了，他都不知道。在崇义聂都的一个乡公所里，我问他们的干事，最近一个月内这一乡死了多少人。他思索了半天，回答我说："一个人。"我问他是什么人。他说："是我的父亲。"当时，我感到好笑。同时，感到痛心的，目前的公务人员实在太不关心人民的痛苦了。

在崇义长龙乡，遇到一位七十六岁的老农夫，他从十一岁起就开始做工。在闲谈里，他告诉我："我做了六十五年的工，但结果连一具棺材都没有做到。"有一个出征士兵的母亲，当我问她家庭情形的时候，她说："我们虽然苦，但是也没有办法。我们每天能够挣到两碗饭，夫妻两人，就一人吃一碗，一碗饭就一人吃半碗。"这些是多么沉痛的事实！但是我们公务人员，有几个曾经去注意到这些问题呢？最近，我还听到一个民歌说："清早爬起没粒米，唱个山歌充个饥。以为唱歌唱得饱，不知愈唱愈肚饥。"这些民间惨痛的事实，假使我们能够仔细去发掘的话，不知有多少存在。今天，我们应当知道，不能注意人民的痛苦，不能解决人民的痛苦，一定不会得到广大人民的爱戴和帮助，没有广大人民力量的帮助，新的建设事业，是不会成功的。

乙、在经济上

赣南的经济情形，是有着高度的复杂性的。这里存在有原始的经济制度，有半封建的经济制度，因为经济制度的多样性，所以，我们更应当指出目前留在赣南的制度的缺点和困难，这样才能够在三年内树立起能够配合赣南实际情形的三民主义经济制度来。

今天，赣南在经济上的缺点：

（一）原始经济制度的存在。人和野兽的斗争，在赣南万山层垒的乡村里，还普遍地存在着。在崇义的聂都上犹的第六区，人民依旧过着人和兽争时期的生活。有一次，在崇义文英墟的山里，遇到一个妇人在洗山牛肉，我问她什么时候打死的，她说："是我们的老虎咬死后捡来的。"在大余第二区的一个墟场里，问他为什么不养猪，他们的回答是："山上的老虎常常会下山来偷猪。"在大余第三区黄溪等地方，山中的居民，时常用蛋壳插在田里，或者利用山水滴在竹筒上，使它发出声音，或者利用石子碰击瓦缸，使它发出声音来，恐吓山虎的侵袭。我们知道，在这样一种落后的经济状态里，我们应当用如何的突击努力去使它发展起来。

（二）封建经济力量的存在。这次在各县视察时，经过上犹到营前的一段路，那里原来有一百二十里，但是，老百姓都说是八十里，后来询问这个原因，据说因为营前是上犹的造纸业中心，每天有许多纸，由那里挑往县城去。挑夫的工价，是以路程计算的，所以说八十里的原因是为了减少挑资。在南康横市泾，有一个姓邓的土劣，开了兴泰米号，还在民国二十三年，曾向政府领到一张牙行执照，但是到现在还是照例在地方上每担米要抽一合的税。横市泾是米业最发达的地方，他每天可抽到两担米，照目前的市价，每日可得到八十元。这种坐地抽捐的筹法是最不合理的，但是，因为他势力的把持，农民都敢怒不敢言。后来，虽则经我斥责他以后不能再抽捐，把这几十年的恶例打破了，但是，这些事实就告诉了我们，封建经济制度的潜在力，在赣南依然是广泛地存在着的。

（三）人民得过且过的心理浓厚。在大余游仙村的路上，我看到许多荒地，同时，稻田内的杂草已经很长。问农夫为什么不耕耘，他们说：“今年的田种得很多，不去耕田亦够吃了。”这是人民得过且过心理的十足表现，因为这样，所以致使赣南的经济情形更趋落后。

（四）工业技术落后。在大余第二区，我们去参观一个造纸厂。我问工人，从前的造纸方法是不是如此。他们说：“数百年前，已经是这样的。”在崇义交叉坳的一个铁厂内，他们的炼铁方法，还是在两三百年前的。在上犹乌溪附近的一个榨油厂内，他们还是用人力在榨取油。这许多工业技术保守的落后情形，也是形成赣南经济不发达的主要原因。

我们明了了赣南经济制度落后的情形，同时明了了它为什么能存在，今后，我们要建设新赣南的经济制度，就应当根据现实所告诉我们的缺点来努力，今天，我们简单说一下。

（一）政府应当尽量帮助人民和野兽去斗争，只有人和兽争的事实能够消灭，赣南的原始经济制度才能够消灭。

（二）用革命的力量来消灭封建经济势力。

（三）彻底纠正人民得过且过的心理，积极展开农村工作竞赛运动。

（四）改进工业技术。

丙、在建设上

关于赣南的建设情形，在目前还说不上有新的建立，我们在数量上所感觉到的，现在已经增多的工厂，在赣县有三十一个，南康有十一个，大余有七个，上犹十个，龙南两个，共计六十一个工厂。

但是，我们感到有许多地方，非但没有进步，相反地，还形成了显著的退步，这是值得我们深自警惕的。在赣南，我一共步行了两千八百五十里路，经过了九百七十四条桥，其中有七百一十四条需要修理的，八十四条是不能走的，只有三十多条是新修理的，但是，也不十分坚固，其余的桥都是用一根山木搭成的。我经过一百八十九个茶亭，只有二十一个是最近修理的，有四十二个已经简直不能坐人。至于在水利工程方面，我所看到的四十三个水利工程，已经有三十九个是坏得要修理的。在有些山岭里，樵夫因为找不到捆柴的绳子，竟会把电线剪下来代替。所以在今天，我们说要建设新赣南，特别应注意和纠正建设上所留着的缺陷。同时，今后应当用更大的力量来改进才是。

丁、在教育文化上

赣南是一个文化落后、教育不发达的地方，但是，在年来的工作积累中，我们认识赣南的教育文化工作，是极需要而且是容易开展的。

在一年中，我们感觉到许多情形，已在逐渐进步，各县的成人班，已经有五百四十七个地方成立了壁报、宣传队等，在各个乡村里，也已经普遍地成立起来。本区各县除了崇义还没有出刊报纸外，已经有八种日报、两种三日刊、三种周刊、一种月刊发行了。他们的销售数：日报每天可销七千一百五十份，三日刊每次销两百六十份，周刊每次销一千零八十份，月刊每次销两千五百份。

最近在上犹的一个乡村里，遇到一个保学老师，他说："在乡下写标语，如果单写'战必胜，建国必成'，老百姓是不会懂的。"所以他们写的标语非常通俗，并且能够配合当地的实际情形，在那里，我看到一张标语写得很好："国是我们的巢，家好比蛋，巢破了，蛋也就一定要打破的，国亡了，家也就保不住了，所以要请各位救家先要救国。""你们的儿童要砍柴吗？可以上午到保学里读书，下午再去砍柴，诸位要写什么文件，保学里有人民代笔处，可以代你写。"

这许多事实，都证明了赣南的教育文化工作，是在积极开展和进步中。但是，我们更不能看到了光明的远景，而遗忘了落后情形的存在。至少目前在赣南的教育文化上还遗留着许多缺陷，这亦可以在许多事实里得出证明来：

记得在上犹记碑石的山顶上，我遇到一位保学老师，他上身穿着草绿色制服，下身穿白色普通裤子，脚上拖着木屐，右手拿着很长的烟杆，指甲大约有三个月未剪过，我实在没有办法称呼他，只能称他为"中西合璧，古今文化交流"的代表了。你们想，以这样的一个老师，怎样去开展赣南的教育工作？同时，我们应当深切注意的，像这样的保学老师，在赣南还有很多存在。

有一次，我在一个乡公所里和他们的文化干事谈话，我问他："什么叫作文化？"他说："文就是文字，化就是消化。"我再问他："是不是把文字都消化得没有了呢？"他就回答不出来了。在上犹第三区，共有五千九百二十七个学龄儿童，但是已经入学的只有两千九百三十七人，已经在工作的有五百九十一人，免学的有三百三十四人，无故不读书的有两千零六十五人。崇义第四区有两千零六十个学龄儿童，但是只有八百四十五人是在读书的。在大余第二区，上次高小毕业的学生去考初中，结果没有一个考取的。尤其值得痛心的，赣南有个光华中学，招生的时候出的常识题目中，有两个是：

"我们的首都是什么?""景德镇的出产是什么?"本来，这些题目普通的初小学生就应该知道，尤其是景德镇是江西地方，学校本来就不应出这样的题目。不料来投考的学生更是糊涂，有一个学生竟回答"我们的首都是总裁""景德镇的出产是棉花"。至于学校里不挂孔子像、家长不许学生来读书的事实，在赣南的各乡村里，更普遍地存在着。

现在，我们说到社会教育方面，在赣南，亦是一个很落后的地方。有一次我走过崇义的乌洞泾在街上看到一个道士出了一张布告："贵境乌洞泾水口祠预祖公文，择取七月二十一己亥，平日宜用子寅时发文，此次菩萨尊佛下界作福，还愿者大吉利也，以前十八日早，各家净厨斋戒三天，点灶灯三夕，又祠庭门首起焚天香一炷，至二日斋集缘首善信，下午各家轮流谢灶，即晚装，搭庙、诵经忏，拜发公文。二十一日上午，每户厅堂门首，预备香烛酒果供五种什物，游船遣送点兵回祠，祛瘟，消耗灭虫贼，祈保合坊迪吉，户户均安，共乐兴平福禄增荣。"

这是道士规定的拜菩萨的"进度表"，但是，老百姓尊奉这个进度表却比遵照壮丁训练的进度表来得更兴奋、更周到。在上犹社溪附近，有个宗三庙，到那里去敬神的，不但是本地人，而且有许多广东人，听说有许多人也求菩萨把他们的子弟从前方调回来，其中偶然也有几个从部队里逃回来时，他们以为菩萨真有灵验，就演戏谢恩。据说到目前为止，已经演了两百多天戏了。在崇义过埠，因为年年早稻受了虫害，在那边的庙里，就贴了许多求菩萨灭虫的对联："禾稼遭殃，原因赤子多罪；螟虫肆虐，岂果苍天莫闻。""日害未除，虫害又起；国事正迫，农事多忧。"最近，听说在龙南的城隍菩萨出城的时候，还在那里出布告。

再说吧，在崇义的长龙乡，我遇到一个老人问他知不知道飞机，他的回答是："听人说过。"我问他是否看见过，他说："没有看见，却听见叫过。"在崇义的杉树下，他们对人很客气的单位称呼却用"只"字，但是对牲畜却称"个"。在大余观音坳的山里，我们遇到一个六十几的老人，他头上还留着辫子，问他们为什么留辫子，他却轻轻地问我："是不是会复辟？皇帝是不是会再来？"在崇义文英乡有四千五百个居民，但是只有十一份报纸。

戊、在卫生上

赣南，因为卫生事业的不发达，人民教育水准的低落，卫生知识的缺乏，造成的疾病死亡率，是值得我们注意的。

在定南县，有许多人在十二岁就结婚。在聂都有一个保内，一个月死了三个人，两个是壮丁。有一次，我问安远的一个保长，在最近一个月内死了几个小孩子，他说："死几个小孩算什么稀奇，哪个去管他。"最近，在第四行政区各县卫生院的统计中，一月来患疟疾病的三百四十二人，患皮肤病的六百四十人，患眼病的二百二十四人，肺炎的二十三人。当然，我们相信，没有到卫生院去诊病，而没有办法统计的数目，一定是更大。

这些数目，同样也指出了我们公务人员，过去对人民的疾病痛苦不注意、不关心，所造成的事实，是应当负起责任来的。好像在大余梅关附近的一所破屋里，有一个泥水匠腿上生着大疮，已经溃烂了两星期，疮口生了许多蛆虫，既不能走路，也不能做工，但是始终没有一个人想法子去救救他。在崇义麟潭的一个小茶铺里，一个老人生了疮，但是找不到药去治疗。这些事实，我们公务人员听到，应当怎样地痛心和惭愧呢！

四、努力建设新赣南

在美国的一间汽车工厂内，每分钟可以造四辆汽车，但是在赣南一分钟可以做些什么？我曾经问过一个小孩子，他回答我说："可以做四个鞭炮。"在美国，平均一个工人可以使用二百三十架机器，但是在赣南，平均一个农夫只能使用半条牛腿。我们同样地生活在1940年，同样地生活在一个世界上，但是我们落后的程度和工业发达的国家比较，是相隔了几百年。今天，我提出了这个强烈的对比来，并不是说明我们是没有办法。相反地，我们明了了自己落后性的强度，而更应当如何地努力工作、努力建设，来积极地实行新赣南三年建设计划。

甲、建设新赣南应当有计划的

今天，我们还应当特别指出，美国虽则是一个工业发达的国家，但是它是一个资本主义国家，它的经济制度是资本主义的经济制度，资本主义的经济制度是无计划的。他们的生产并不是在改善人民生活的，他们的生产不是配合着消费而是为了赚钱。所以虽则他们每一年因为生产过剩，有几千万加仑的牛奶倒入海里去，但是同时平均全美国四个儿童内，却只有一个人是营养足的。过去美国因为帽子价贱，大家不做帽子，最近却发生了帽子的恐慌。

但是，我们建设新赣南，却要在赣南建立三民主义的经济制度。三民主义的经济制度，所以异于资本主义的经济制度，就在于我们是有计划的。假使说，我们的工作是没有计划的，在赣南目前，种蔗糖比种稻好，大家去种了蔗糖，米又从哪里来呢？再说，榨茶油比打草鞋舒服，大家去榨茶油，再叫谁去打草鞋？所以，同时也只有计划建设工作中，才能集中我们的力量，认清我们的目标，由落后到进步，由生产力低落到生产力增加，由困苦的生活到舒适的生活，不断地走去。

乙、建设新赣南的基本原则

我们应当知道，新赣南的建设事业也就是革命的建设事业。一件工作是破坏容易，建设艰难。所以我们除了应该有计划建设外，同时，还应当有原则的。今天我们革命建设的原则：

（一）应以全体人民的利益为依归，只有以全体人民利益为前提的建设事业才是伟大的，才会在人民的帮助下成功。

（二）应当有伟大的志愿。新赣南的建设事业是艰苦的，所以我们一定要有伟大的愿望，才能够忍受目前的艰苦去努力。

（三）以精神为我们的主要武器。总裁说过："普遍总是以为要有很多的经费，才能够着手，如经费缺乏，就觉无法进行。"但这不是革命的办法，我们革命的建设，并不一定要有多少金钱，因为革命建设本来就是以"双手万能"的精神来创造的，即使没有经费，亦可以建设的，若有少数的经费，就更能办出很大的事业，这就是要使一切人力财力都要发挥以一当十、以十当百的效用，然后事业才可以创造成功。这是我们新的建设的主要力量所在，也就是革命建设事业的主要条件。总裁曾说："有钱的事最笨的人也会做，要做事，就要在最穷最困难的地方去开始。"这就是说我们建设新赣南，是应当用大无畏的精神去战胜困难的。

（四）新赣南的建设运动，应当是一个群众的建设运动。这一个原则，是非常重要的，因为没有群众的力量，是永远不能完成一个伟大的建设事业的。

丙、革命建设应有的条件

在今天，我们要完成三年建设计划，同时应当具备建设的条件，才能使我们的计划逐步地在实践中完成。现在，我们应有的建设条件是什么呢？（一）克服没有组织的紊乱现象，自私自利、不能互助的个人主义作风，应当彻底肃清。（二）切实推行科学调查统计工作。（三）严格建立建设纪律，集中领导权，因为只有这样才能不断地增进建设过程中的力量。（四）用科学方法不断提高生产力。（五）积极提高人民文化水准，提高人民的求知欲。（六）建立强有力的地方政权，实行强迫建设。今天，我们可以这样说，建设事业是否能够成功，就是我们的强迫力量是否够。因为一般人民的目光很短，同时，一个新事业的建立，一定要破坏许多旧的生活习惯，这一点老百姓是不会懂得的。所以，我们为了人民将来的幸福生活，目前不强迫是不成的。这好像改变水道一样，一定要用强有力的东西，阻止水流的通过，才能引导它改变流向，否则专靠放几块石子下去，水道是改变不了的。新赣南的建设事业也是这样。（七）展开工作竞赛运动，特别注重质的提高。（八）运用群众力量不断地训练干部，提拔干部。（九）统一工作干部同志的意志。这点特别重要，因为只有统一了意志，才能够集中力量。

丁、三年建设计划中的经费和干部来源

这次扩大行政会议的主要工作是讨论三年施政计划草案，我们在计划里规定了很详细的计划指数。当大家看到了这些建设指数后，就应当立刻纠正两种错误的心理。（一）以为计划太庞大，三年内绝对不可能实现而悲观。(二)以为有了计划，三年后就可以过舒适生活，而仅是空自期望着。我们说，这个计划可以说是庞大，也可以说是渺小。三年内可以建设成功，也可以不能成功。这完全要看我们是否能够照决定的计划和步骤，埋头苦干，聚精会神地去执行。今天，我们说这个第一次三年计划，绝对不是我们最高的理想，我们知道“现代化的建设事业，是以电气化为经纬，以钢铁为轴心的事业，但是，在赣南的实际环境是不会立刻成功的”。所以，我们第一次的三年计划，仅是替现代化的建设事业立下一个基础。

最近，我统计的结果，三年计划完成，需要的经费是一千二百万元，但是目前我们所有的仅只有七万五千四百零四元，所以或则有人说，三年计划太庞大，目前既没有钱，又没有人，所以要完成这个建设是很困难的。这些错误的观念，是应当彻底纠正的。

(一)我们应当知道，钱是从工作中做出来的，我们赣南，并不是没有钱，原因是过去所有的钱根本就没有用到人民身上去，根本就没有用到建立事业的身上去。所以，人民都不肯把钱拿出来。假如，赣南人民平均一人每年出两块钱，在城市里的居民少穿两双半袜子或者少吃两个西瓜，或者少吸二十五根香烟，在乡下的居民，少吃一次猪肉，或少拜一次菩萨，我们就有了建设新赣南的充裕经费。所以，只要我们努力工作，在人民中间建立起信仰来，我们相信群众的力量，一定会来帮助我们的。

(二)吸收外资。赣南有丰富的矿产，有丰富的资源，只要我们有为事业奋斗的决心，一定有许多外资会来帮助我们开发富源的。

(三)吸收银行借贷。

(四)节省无谓消耗。总裁说：“增加生产，节省消耗，这是战时三民主义经济原则。”在赣南，过去曾有许多金钱化在无谓的消耗里，我们说鸦片烟，单在南康一县，每年要消耗三百七十万元，在赣南有二百五十九个墟，每个墟场当墟一次，化作赌上就有一百五十元，平均一年须消耗六十六万元。赣南约有一千个妓女，平均每日在一个妓女身上花去五元，一年就消耗一百八十万元。关于花在匪患上的损失，过去每年约需五十万元。这些巨大的数目，在烟、赌、娼、匪肃清后，都可用到我们的生产建设工作上来。

所以我们说，建设新赣南，并不是怕没有钱，最怕的还是怕我们自己没有勇气和决心。至于说到人的问题，当然，我们现在没有科学家、工程师，但是我们应当相信，人是培养出来的，人是提拔出来的。我不相信赣南没有人才，没有科学家、工程师，只是我们没有去找。所以，我们应当有这样一个信念：“用赣南人的力量，来建设新赣南”。我们赣南一百六十万的劳动人民，都是我们的干部，我们赣南三百二十万只手，都有力量来建设新赣南的。所以今后，我们应当特别地来用最热诚的、严肃的态度来提拔干部，教育干部，爱护干部。今天，在赣南，不但要开金矿开银矿，同时应当尽量地来开人矿。

总之，今天我们没有钱，没有人，但是，这都不要紧，只要，我们有革命的精神，我们相信在工作实践中，一定会获得充裕的经费和广大的人才。

今天，我们除了彻底纠正这两个错误的观念外，同时更应当认识，我们的三年计划，并不是资本家造洋房、开银行，而是一个从苦中求乐的办法。所以我们在赣南工作三年，就应当准备奋斗三年、吃苦三年，在三年内，绝对要铲除痛快主义、兴趣主义的错误意识，不要想快乐，不要想舒适，不要理想太高，不要想今后工作万事如意，而应当准备今后工作万事不如人意。一方面，不怕内外的打击；同时，另一方面，假使有土豪劣绅地方封建力量、汉奸走狗来破坏三年计划，我们就应当毫不留情地打击他们。只有彻底肃清敌人，才能建立新的事业；只有具备打破困难的决心，才能使自己的事业成功。总裁说过："要知道建设并不是形式上的事情，而要本着实事求是的精神，实干苦干，尤其要从社会建设着手，然后才能达到我们革命建国的目的。"这是每个从事新赣南建设工作的同志，应当深切记住的。

戊、我们对三年计划的要求

我们知道，三年计划的实行，是为了要替赣南人民解除痛苦，为了要替赣南人民造福，所以我们应当特别注意，赣南人民对三年计划的要求是什么？三年计划的实现，是否能反映赣南人民的需要。也因为这样，今天，我们应当提出来，我们对于三年计划的要求：

（一）大众化：只有大众的事业，为大众谋福利的事业，才会得到大众的帮助。（二）经济化：用最少数的钱，做最多的事情。（三）具体化：我们知道，工作计划愈具体，愈容易执行，也就是愈可以减少不必要的困难。同时，我们要认识革命工作，也就是争取时间的工作，我们就三年的时间，只有一千零九十天，只有两万六千一百六十小时，只有一百五十六万九千六百秒的时间，这里面除了生活上必需的时间，就算每天工作十小时，三年亦只有十万九千零一小时的工作时间，这个数目是很小的，假使我们不能争取时间，就不能使三年计划彻底实现。（四）行动化：我们做事情要有组织，要有条理，要有系统，有组织才能发挥力量，有条理才能彻底实在，有系统才能分工合作。建设新赣南是干部的工作，不是说的工作，所以我们要有具体的计划，就要努力不断地去实行。

己、保障新赣南建设成功的条件

今天以后，我们要开始新赣南的建设工作了，因为我们的建设是革命的建设，我们的工作是艰苦斗争的工作。所以，在刚开始工作的时候，就应当估计自己的力量在哪里，我们的敌人是什么，然后才知道用什么力量来保证我们的建设成功。

（一）我们的精神是：吃苦、冒险、创造。总裁说："要向最危险的地方前进。"这就是告诉我们，最危险的地方，也就是我们事业成功的地方。没有吃苦、冒险、创造的精神，一定不能担负艰苦的事业。（二）我们的志向是：为赣南人民吃苦，为赣南人民牺牲，为赣南人民造福。（三）我们的力量是：一百六十万劳动朴实的人民，两万三千平方公里土地，伟大的自然力量，蕴藏丰富的物产。这些力量，就是建设新赣南的力量。我们已经具备着这些力量，只要我们去发掘出来。（四）我们的敌人是：土豪劣绅、封建势力、盗匪、流氓、奸商、汉奸和自然界的许多阻力。

军队和敌人作战，应当有作战计划，今天我们建设新赣南，就是一个政治的战争，所以也应当有作战的计划。我们的作战计划就是三年建设计划。拿破仑曾经说过："敌人正在调兵向我前进，我要找他们，向他们打。"这就是告诉我们，和敌人作战，最要紧的是争取主动。今天我们建设新赣南的政治战斗任务，也应当是争取主动，绝对不要饶恕敌人、和敌人妥协，敌人不投降，就把他消灭。这样才能保障我们新赣南的建设成功。

庚、我们的目标是建设三民主义新赣南

总裁说过："我们要预想今后比现在或将有十倍、二十倍的困苦日子，所以我们此时要立定吃苦忍痛的决心，来担当这个苦痛，克服这个困难。我们要尽量增加生产，要极端节约消费，也要随时改善一切经济方面的办法。政府要格外负责，人民要格外勤奋坚忍，我们要以宋末南渡以后，晏安怠惰、苟且偷生为鉴戒。要知道当时朝野如果能吃苦忍痛，能努力奋斗，绝不至于灭亡。"又说："譬如我们要把金属炼成纯钢，非至火力达到最猛烈、最高度的时候，则精纯坚强的真钢是不能炼成的。所以我们要抗战胜利，要民族复兴，必须经过这最高度的困难，才能成功。正如天色将曙，黎明将至以前必然要经过一度极端黑暗的时间，而后无限的光明，就从此中涌现而出。"

"我们正应该及时磨砺以须准备以最坚韧、最刚强的努力，度过必然到来的极端困难的时期，克服任何障碍，冲破任何艰危，乃能获得最后胜利光明之路。"这就是告诉我们，只要具备吃苦忍痛、努力奋斗、勤奋坚忍、克服困难的决心和勇气，才能够冲破黑暗，获得最后胜利的光明道路。现在，我们既然有了建设三民主义新赣南的伟大目标，就应当亲爱精诚、团结一致、协力同心地为实现这个目标而积极工作。

同志们！今天，是一个狂风暴雨、天翻地覆的时候，是一个创造新的历史的伟大时代，是真理和邪气、光明和黑暗拼个你死我活的决斗时期，也就是复兴民族最好机会。我们都是有志向、有抱负的人，我们都是想做一番事业来报效国家的人。所以，从今以后，每个人都要坚决地立下自己的决心来，我们誓为赣南一百六十万同胞的幸福、誓为赣南一百六十万同胞创造新生活而战斗到底。一天不达到目的，我们就一天不放下自己的武器。

同志们！今天的世界上，只有不断地斗争，才能够生存。我们建设新赣南任务，并不是从事宣传，表面地敷衍装饰，而应当是使赣南真正地成为增加抗战力量、增加生产建设的一个根据地。所以更希望赣南的公务人员，能够真正地领导赣南人民，同心一致，向着光明的前途迈进。真正地做到，使赣南的同胞，能够在三年内人人有工做，人人有饭吃，人人有屋住，人人有书读。

第四区扩大行政会议闭幕词

1940 年 11 月 5 日

各位来宾，各位会员：

江西省第四区扩大行政会议的主要任务是讨论建设新赣南的三年计划，五天之内，各位会员本着精诚、忠党爱国的热忱，积极地、详细地对三年计划讨论的结果：一、通过建设新赣南第一次三年计划；二、组织江西省第四区建设委员会；三、发动全区民众，集中全体力量，为实现建设新赣南三年计划而奋斗；四、国家至上，民族至上，统一意志，集中力量完成三年计划。

这是扩大行政会议对三年计划的决定，也可以说是开始建设新赣南的信号。真正的工作，还是在今后，但是我相信以扩大行政会议的亲爱精诚、忠党爱国的热忱，一定能够使我们的计划彻底完成的。

一、积极展开国民经济建设运动

我们的国家，不能同欧美先进国家并驾齐驱，我们同胞的生活穷苦不堪的根本原因，就在国家经济的崩溃和国民经济的落后。但为什么不发展和落后呢？中央国民经济建设委员会有一个明确的解释：“中国国民经济枯竭疲弊之所由：一为人与物之脱节；二为人与事之脱节；三为生产要素与生产事业间之脱节，亦为生产各部门调整，不相联系，而为整个之脱节。社会不知生产之重要，产业不能得良好之环境以逐其发展。是以欲谋中国国民经济之更生，非先唤起广大的自觉不可，非使人才或人力与天然资源发生极密切之关系不可，非使各种人力与生产要素为全国适当之配置与全民共同之结合，而使有效之发挥不可；非改一切旧观念而消除有形无形之障碍不可；尤非调剂供求使生产状况与消费状况相应不可。”

这是中央最近解释中国经济落后的原因，说明了生产各部门都脱了节，而人民不知道生产建设的重要性。

但是，我们正确地说：中国并不穷，我们的人民、土地、矿产，一切的有利条件都可建立我们的国民经济基础。中国有许多土地不能利用其生产，有许多人而不能利用其发挥生产力，有许多矿产，更不知利用其制造工业用品。因此，我们要和欧美并驾齐驱，要使生产改良，要使人民生活改善，唯一的出路，便是国民经济的建设。

今天，我们对于国民经济建设运动应当有一种现代的经济观念。

第一，以国家的利益为利益。过去，中国有许多工厂，都建立在交通要道，如广州、上海、天津等地，并没有在内地建立工业基础，同时，他们所生产的东西，都是些不合实际需要的工业品，结果，在国防利益没有什么好处。我们知道，他们所以把工厂建筑在沿海各省，所以生产许许多多不合乎国防需要的奢侈品，都是以私人的利益作为出发点，为了要赚钱的缘故。因此，中国最近的经济便形成了：（一）轻工业多于重工业；（二）奢侈品多于人民实用品及必需品；（三）工业均在沿海各省。三种畸形的状态，造成了目前中国经济向畸形发展的道路上去。但是，我们中国需要发展的工业无疑的、最紧要的是以国家利益为出发点的国民经济，所以，它必须具备两个基本原则：（一）合乎国防；（二）合乎人民的需要。

第二，打破地方观念。中央明白地说出："国民经济建设运动者，为促起人民以自勤改善国民之经济，即为集合全国社会与生产机关各部门之努力以建立健全之国民经济。政府则以所有之力量为之排除障碍，且与以种种之助力与便利者也。"

我们都知道，中国生产的东西，向来没有一个适当的分配，比如华北的生产品不能到华南来的，华东的生产品也就销不到华西去。这就是因为过去的经济建设计划，以省、县为单位的观念太重，不能够合理地分配，很显明地表现出国民经济机构的不健全和脆弱的部分。

昨日我们讨论制糖问题的时候，有一部分同志表示反对，他们的理由是因为赣南所缺的是米，应该多种稻谷。这意见以四区的立场来说是对的，但是，以全省来估计，那就错了。因为我们应该以过剩的糖去交换他们的米，互相适当地调剂才是好的办法。比如我们四区是产纸的，三年计划中有扩充纸的出产量，当时也有人反对过，但是，我们只要大量地出产纸张，一样地可以向别的地方去换取我们所需要的东西回来。再说铁吧，四区的铁是很丰富的，但从来没有把铁的产量尽量地发展起来，大余等地方有无数的钨矿，钨在德、美国家可以炼精坚的钢，制造飞机上的机关枪，但我们自己不会用，却把宝贵的原料很便宜地卖出去。这几个例子举出来，足可证明，假使国民经济建设不是建筑于全国性的基础上而保持着地方封建观念的时候，中国的落后经济状态，是永远不会发展的。

第三，从事国民经济建设要开发富源。中国主要的财产是在地下，我们要从事于国民经济建设，最重要的是尽量发掘地下的宝藏。在四区，有世界声名的钨、锡矿，埋藏在地下，但是目前，我们还是用十分旧的方法来开采，产量既少，又不能取来自用。所以，我们建设新赣南的重要工作，就是尽量开掘地下的宝藏，供给全赣南建设上的需用，同时供销给全国各工厂用来建立我们最新的健全的国民经济基础！

第四，要改良技术，提高工人生产力。一个社会的发达和进步，就以生产率的提高为标准。中国的矿工每天平均只能开采半吨煤，但是外国的工人却可以开采五吨煤，在这样的比例下，我们就说中国人笨吗？绝对不是，我们中国人不但不是笨，而且比他们来得聪明。今天，所以生产落后的原因，是在于我们没有注意到人的发展，不能把两只手和脑力配合起来，我们没有尽量利用脑子，去改良生产技术。

目前，美国一个工人的生产力能抵消中国三十个工人的生产力，假使我们中国工人都能和他们的生产力相等，那么四万万五千万中国人可以比美国人建造更高大洋房、更漂亮的汽车了。所以，要建立新的国民经济基础，改良生产技术，增加生产力，亦应当是一个绝对不能忽略的问题！

第五，应当增加劳动工作人数。我们一面提高生产力，另一面要增加劳动工作人数。中国四万万五千万人，除了劳动者外，在社会上只会享乐而不会劳动的，还是不在少数。今后，我们要不断地增加劳动人数，使人人有工做，不做工，就没有饭吃。人本来应当工作的，工作是人的义务，吃饭是权利，只有在工作后才能吃饭，在新的中华民国里不尽义务光是享受权利，是绝对不可能，所以，我们今天说："要吃饭必须要工作！"

第六，国民经济建设是应当有它的整个性。我们国家经济建设，像一架大的机器，各生产部门是应当有联系性的。但在目前，人是一盘散沙，经济也成了一盘散沙，没有一个总的目标，也没有整个的计划，不知分工合作，向总目标前进！我们要知道经济活动是绝不能脱节的。经济活动部门第一是原料，第二是工业，第三是商业，第四是金融，第五是运输，第六是经营。这六个部门是现代经济组合的要素，不能各自分开的。但是，在我们中国这方面是分开了，还是各管各的，要知道，现代化的国防经济建设，最重要的是深刻注意到它的整个联系，否则在这儿种树，那儿也种一点树，永远不会成林；这儿造屋，那儿也造些房子，永远不会成为城市；这儿练兵那儿也练兵，结果只见兵，而不见军队。我们认为中国国民经济之落后、中国人民的贫穷，主要的内在原因，就是没有这种有机的联系存在，所以今后的国防经济建设，应当特别注意到这一点。

今天我们认为三年计划建设，就是国民经济建设运动。

什么是国民经济建设运动？中央说："国民经济运动者，以建设国民经济即解决民生问题为目的，与国家经济政策范围有广狭之殊。

盖国家经济政策于民生而外，更须注重于国计，而国民经济建设运动之本位，则为国民也，其对象则为民生也。”简单地说：国家经济建设是广义的，国民经济建设是狭义的。同时，中央又说：“总理以民生主义为三民主义之中心，国民经济建设运动者，实行三民主义为基础，亦即民生主义实现之初步也。”

我们的三年计划，是国民经济建设运动，所以，我们的建设不应当国家拿出许多钱来干，而政府是站在互助、指导的地位，来帮助我们排除障碍的。今天，每个人都应当知道，我们的建设是革命的建设，也就是实现民生主义的初步。建设新赣南的五大目标是“人人有工做、有饭吃、有衣穿、有屋住、有书读”。

二、改变赣南的面容

我们三年计划的完成，目的在改变赣南的面容，第一次三年计划的重要任务，非但要改变赣南的经济面容，打倒赣南的封建经济，同时应当要改变人民的心理，使得赣南具备精神时代化。我们赣南如有安徽的黄山、桂林的山水，这美丽的风景，可是我们赣南人民一点没有美的感觉，赣南人没有兴趣赏图书的要求和能力。我们赣南人民没有欣赏音乐知识，同时，连风琴、钢琴都没有。我们赣南过去没有过适宜的运动，于是乡下人的挑担子，也就成了一种特有的运动，所以，我们要从人人有书读着手，就是要改变人民的心理，使每个人能有美的感觉，能够有现代化的头脑。这次大会中特别注意扫除文盲，建设新的文化，尽量扩展文化园地，但是要特别提出来告诉大家的，这些新文化工作的完成，是要我们赣南人民自己的力量来支持的。

三年计划的决定和实现，我们可引证一般科学家的话来做参考，有一个科学家说："只有想象而没有实践，无论什么事不会成功的!"假使我们的三年计划也只有想象而没有实践的话，那么，即使过了三年，赣南还是存在乌烟瘴气的落后状态。今天，我们要切实地做到，把想象变成事实，充分地、有效地实现出来，这是我们公务人员的事情了！三年计划是为人民造福的计划，公务人员是为人民造福。同时，我们这个计划是靠大家的力量来完成的。所以，在这种情势之下，公务人员应当成为一个灵活坚韧的发动机，应该刻苦耐劳、以身作则地领导赣南广大民众积极地奋斗，新赣南建设计划，是一个斗争计划，所以，我们公务人员领导民众来建设，等于长官带领士兵去打仗，一个善于作战的将军是应当有他特殊的风度。曾国藩曾经说过："打仗要不慌不忙，先求稳当，次求变化，办事要无声无息，既要精明，也要简捷。"又说："一个人第一要有志，第二要有识，第三要有诚。"这是我们赣南公务人员必须具备的条件和风度。

什么叫"志"？志是志向。我们工作人员没有志向，随风逐浪，倒是始终不会成功事业的。总裁曾经说："即使全国四万万五千万的人统统反对三民主义，但我蒋中正一个人也一定要为三民主义的实现而奋斗!"这是总裁伟大的决心，这是总裁的崇高的志向。他在十一年前讲的，那时候的国内情势是多么困难。所以，我们就可以看出有决心、有志向，在任何困难的条件下，在任何的引诱下，绝对不能动摇！这样，才能真正成为伟大的事业。

其次，我们谈到“识”，识就是常识。我们生活在这大时代中，如果你不懂各种科学知识，你不懂一切事物的演进，那么，碰到任何一件事情就要心慌意乱的。比如建设新赣南，你决定干了，但是，在工作过程中，一定会遇到许多的困难和磨折，或者旁边的朋友指出了其中的困难，假使没有常识能力来判断事情的成败症结的所在，你就灰心起来，以致半途而废。

所以，我们倘使是非不明，时务不识，没有认清路线，认清目标，新赣南的建设工作，始终不会实现的。今天，我们要有丰富的常识，就应当深刻地学习一切基本的学术，研究总裁的革命言论。这样工作的开展和进行，有了步骤，才不至于心慌，能在困难中完成起来。

最后一点是“恒”，有恒心。即是说我们做工作要有计划，每一点钟都需要精密的计算，无论什么事情，要做就做到底。本人说过做事不怕没有经费，只怕没有志向；不怕没有人才，只怕没有常识；不怕没有时间，只怕没有恒心。总之，不怕任何困难，只怕没有革命精神！

三年建设新赣南的时间，是很短的，但没有恒心的人，是感觉到很长。他们今日可以做教师，明日就想到银行里去做行员，因为没有恒心，所以会感到没有兴趣，没有兴趣当然会觉得日子的冗长了！所以我们做事应当不管大小，要做必须做到底！

（一）在艰难困苦的条件下建设，才是真正的建设。这里，我可举一个例对大家说：在今日社会上有两种子弟，一种是很有钱的，他们的家长遗留一大笔财产，叫他们保守财产；另一种子弟是很穷的，他的父母没有什么传给他，只是严正地叮嘱他要争气。老实说，有钱的仅能保守自己的财产，并不是好汉；在穷困中争气，建设房屋的才是好汉。我们新赣南的建设也是如此，我们靠政府的钱，以及其他有利条件来建设，不是好汉，应该在荒山上面开始我们的新赣南建设工程。大家都明白的，中国的万里长城和运河，这种伟大的建筑在世界上占有相当地位的，当时，既无工程师，也无测量的人员，建筑师竟然建筑成功了，由此我们相信只要有志向、有恒心，不断地克服困苦，新赣南的艰难事业是可以成功的！

（二）有知才有人。天下最难的是用人，我们新赣南建设过程中，是应当要许多人才的，但是我们去请大学生、留学生、工程师吗？说不定他们不肯到我们的荒山里来，但是，我们请不到欧美的工程师，就不能建设吗？不是的，我们的人才要在赣南找，我们要在赣南找建设赣南的人才。我们不怕没有工程师、建筑师，我们只要能培养人才、训练人才，相信赣南一定有许多新的人才来完成新赣南的建设的。

（三）不怕没有时间，只怕没有恒心。时间是我们的权利，我们要争取而不要放松，只要我们有恒心，哪怕三年很短，我们相信有恒心的人，不怕喜马拉雅山的高，终有爬到山巅的一天。

三、用革命精神完成新赣南建设

这次扩大行政会议，切实检讨过去工作改正计划草案，实在表现出我们是有革命精神的。本人已经讲过，革命精神就是吃苦、冒险、创造！

（一）吃苦。所谓吃苦，并不是饿着肚子，愁眉苦脸，同时也并不是装模作样做出来的。我们知道最主要的吃苦精神，就是要精神能吃苦。倘使我们的精神不能吃苦，一受到打击的时候，就会动摇，一定会灰心。所以，只有具备了真正精神与吃苦的条件，才不怕任何打击，才能完成自己的革命任务。大家都熟悉世界上有伟大的探险家麦哲伦，他看见哥伦布发现新大陆之后，会坚定地指出这新大陆绝不是哥伦布所说的亚洲新大陆。后来，他为了实现这个信念，他经了许多的困难，才得到西班牙王的信任和帮助，驾驶了五只帆船做最冒险的事业——探险。他们在航行途中，食粮已尽，饮水又污浊了，他的部下有的发生了破坏航行计划的阴谋，有的要求回去，麦哲伦虽则见到这样困难的情形，却毫不惊异，很严正地、坚决地告诉部下说："虽食粮缺乏，即食帆布，亦非继续前进不可！"结果，花去一年两个月又两天的时间，终于发现了九百里长远的菲律宾群岛。那时候，他同行的人死去不少，一上岸又给一千五百多的土人袭击，伟大的探险家麦哲伦就这样被害。他到死虽则还没得到一点钱，没有得到很大的官位，但是，他那永世不朽的功业已告成功，他的艰苦卓绝的精神是成功了。由此我们可肯定说，世界上凡是阴谋家、眼光短浅的人、会叛乱的人，他们的工作不会成功的。同时，也只有吃苦，再吃苦，才能完成伟大的工作。曾国藩说过："每日做事愈多，则夜间临睡愈快活！"这更是说明了吃苦是快活。革命家的吃苦，是精神上的吃苦。但是，他的人生还是十分快活的，是愉快的。一般人说过："不知道休息的人，是不会工作的！"我也可大胆而肯定地说：不知道快乐的人，是不会工作的！要做一个革命家，应当对自己的前途、自己的理想、自己的事业有绝对的信仰和乐观！同时，也只有在快乐的生活、快乐的工作里才能坚定自己的志向和决心，才能完成伟大的革命事业！

（二）冒险。最危险的地方，也就是成功事业的地方。这是许多伟大事业成功后给我们的教训，因此无论什么事情，在战场在后方都要有冒险的精神。再说冒险家哥伦布吧。他小时候和他父亲乘船在海洋中从事劫掠，当时海贼船间发生争斗，他父亲所乘的船，为敌船擎败火烧起来，他的父亲就死在船上。那时，哥伦布跃身入海，仅仅抱了一块板，随水漂流，吃了不少的苦楚，到底登岸获救了。

哥伦布的冒险精神，不独在这方面，他的最大的冒险精神的表现，还是在新大陆的发现时期：那时候，哥伦布对于海的问题，没有一刻停止其思索，他曾听到一个海员说，拾得一块竹的雕刻物，这种竹的雕刻物欧洲是没有的，必然来自海的西方其他陆地。他越想越觉得这种话是相当正确的，所以立刻把他自己想要航海去探求新大陆的计划，请求葡萄牙国王，遂引起葡王的注意。葡王特为此事召集学者举行会议，然而学者们对哥伦布的计划皆视为荒谬绝伦，大家都不相信。哥伦布知道葡人没有成全事业的决心，就离开了葡国到西班牙去。那时，他的妻子已去世很久，他携了个乳臭未干的孩子，沿途求乞到达西国，又费了许多周折始得西班牙女王的信任。在1492年8月，哥伦布率同部下八十多人，分乘三只帆船进发，在茫茫无边海洋中航行，经两月之久，始在海上发现了一片木片，而且这木片又有雕刻的痕迹，同时又看见了鸟巢，漂流海上，其中尚有母鸟及鸟蛋，于是，哥伦布在兴奋中继续前进，终于达到了新大陆——圣萨尔瓦多。最后，他成功回来，西班牙国王始终不以此事的成功，而给他一文钱作为奖励，人们到了后来也都忘记了，哥伦布虽则终于在贫穷中死去，但是他伟大的冒险是成功了！

他的冒险精神，是可敬佩的。我们在这地方，不是海岸，也不是危险的地方，可是我们不去冒险，没有冒险的精神，三年计划绝不会实现，新赣南建设也绝不会成功的。

（三）创造。在古代希腊有位大哲学家亚里士多德，他曾受业于有名的大哲学家柏拉图门下，但他对于柏拉图的学说不是全部信服的，而是摄取他自己认为正确的接受，和他自己的意见不同的部分，则坚不受纳。我们知道，柏拉图对于一切的事与物的认识，只应用自己的脑力的推测，是空想，而亚里士多德不是如此，他对于一切事物采取观察态度。他对一切东西，先有观察，然后才结论。因之，有人常常会责备亚里士多德违背师长的教言，可是，他听了之后，很严正地说："师教是可以尊贵的，但真理更可尊贵！"从这地方我们可见到亚里士多德对于办学的精神和拥护真理的精神。当亚里士多德开办学校教学生的时候，已经五十多岁了，头发已白，耳朵也聋了，那时，没有像现在这样完备的仪器，既没有钟表，又没有寒暑表，也没有正确的度量与显微镜，望远镜当然更没有了，而他仍能不断地研究，不断地观察，结果，却得到绝大的收获，他成了科学家、博物学家、哲学家，成为世界上的"科学始祖"。我们知道了他那不朽的功绩是由吃苦、学习中创造出来。亚里士多德的伟大创造精神是值得我们学习再学习的。

总裁说过："世间一切的创造，都是由劳动而来的，不能劳动，就必不能创造，故劳动可以说是创造之母。什么是创造呢？创造就是要‘自无而有’‘扩少成多’，要凭赤手空拳，来开辟新天地、新世界。我们革命的宗旨，就要创立新力量，创造新国家。这是革命的创造精神，真正的革命精神。我们必须有这种革命的创造精神。要凭赤手空拳创造，创造一切，创造新世界。”

四、同甘苦，共患难，努力建设新赣南

今天，我们赣南的工作同志，应当深切地了解，只有革命精神，才能够去克服一切困难。同时，也只有和人民共同生活，才能知道困难的所在。自今以后每一个参加新赣南建设工作的同志一定要做到：（一）用革命精神去克服困难的环境。三年计划的成功不成功，主要在于精神方面，我们建设新赣南，是抗战建国事业的一部分，我们要如期实现新赣南三年计划，必须振作精神，始终不懈才行！最近，总裁在重庆说过：“今后中日双方的胜败，完全要看双方的精神力量而定，谁的精神力量能支持到最后，谁就可以获得最后的胜利。”这就是训示我们，今后的战事不光是大炮飞机决定胜败，最重要的是精神，谁的精神支持到最后，谁才能成功。今日，我们全国人士的要求只有两个，抗战非胜利不可，建国非成功不可了。我们要随时随地抗战，随时随地建国，相信只要精神永远是振作的、兴奋的、快活的，这就可以保证我们抗战必定胜利，建国必定成功。在今天，我们说革命还没有到最困苦的时候。

总裁也曾告诉我们：“我们现在的情形还没有到十分艰苦的时候，我们还没有遭受其他民族革命中所遭受的痛苦，但另一方面我

们不能不准备比这一个加上十百倍目前艰危困苦的时候之来临，不能不准备忍受一切革命过程中所应有的痛苦。”真的，世界上伟大的民族革命，哪一个国家不是死上成千成万的人？哪一个国家在革命中没有遭受到大的荒年，饿死几千万人的？复兴民族，争取民族的自由解放，不是很容易得到的！总裁又说过：“如果真正到了这个时期，我们的精神愈团结，意志愈坚定，力量愈强大，那我们革命建国的大业就可以完成。所以大家千万要珍重这个宝贵的机会，从今以后精神格外要振作，行动格外要积极，敌人的进攻愈猛烈，我们战斗的精神愈发挥，敌人的封锁愈加紧，我们独立的信念愈坚定，要把我们中华民族的伟大人格和自强不息的精神在此表现出来。”

今天我们中华民族的伟大人格，应当在今后的工作中、日常生活里面表现出来，必须在吃苦中换取得来的。凡是想做官发财、嫖、赌、贪污，破坏我们中华民族的伟大人格，破坏抗战建国的伟大任务，我们应当坚决打击它，消灭它。现在，我们应该要看得清楚，哪些是革命的，哪些是反革命的。凡是违反国家民族利益的，我们统统要肃清他们，不允许他们存在。要知道，革命清清白白的，绝不能含含糊糊，革命的力量必须始终一贯的。今日建设赣南就是要靠我们的革命精神，和一颗大公无私的良心！

（二）公务人员要与民众同甘苦，和他们打成一片。我们的工作环境在愈困难的时候，有两个可能的现象表现出来：1. 民众脱离你；2. 民众接近你。今日是在困难时候，假使我们不和民众打成一片，不检点行动，老百姓会反抗你的。比如，我们公务人员打牌吃酒，老百姓看得很清楚的，他们怕着你们的权威，敢怒而不敢言而已。

但是，等到他们能够讲话的时候，那时再检点自己行动，已经来不及了。但是假使我们能够替他们解决困难、解决问题，那时候，老百姓一定会欢迎你、亲近你，听你指挥，因为他们知道你会帮助他们的，所以我们公务人员要老百姓跟你干、亲近你，必须要切实地和他们共甘苦。

总裁最近对于在重庆的一班官长说起躲警报的事，说：“有许多有汽车的文武官长，一听到警报立刻坐上汽车，驶到数十里甚至数百里以外的地方去躲避，既不知公家汽油，真是滴滴辛苦，而对于沿途扶老携幼、肩挑手提的一班避难老幼民众，更是毫不关心，尽管看到一班民众是那样颠连的、困苦的情形，而我们在汽车里面，毫无惭愧，毫无恻隐之心。这种事是令人寒心，而这种人根本就不配做革命党员和总理的信徒。我每次在市内遇到警报，总是不到郊外，如果不得已，亦必等民众入防空室的时候我才出去，绝不能因为过虑我们个人的安全浪费国家以血汗换来的汽油，更不能顾自己坐了汽车逃跑，而于苦痛的同胞漠然无动于衷。我们现在要安慰民众，首先要求我们自己良心之所安。从今以后，凡遇警报，一班官长在郊外的固不必乘车行动，若在市内的即可在市内防空室躲避，不可再往郊外，一方面可以节省汽油，同时我们部下或社会民众，看到长官与他们同在一个防空室内，精神上一定能得到特别安慰，格外愿意与我们长官共患难，共生死。”又说：“我们看到前方军队的生活，前方战线上的情形是怎样：一班士兵流血流汗，不惜生命，和敌人奋战，而他们的薪饷，每月不过十二元，还是最近增加的，如此辛苦，皆愿忍受而毫无怨慰。”这就是告诉我们公务人员应有的精神是什么了。我们应当十分明白，当公务人员不是权利而是义务，所以，我希望大家特别注意这个问题，一定做到真正地同民众共患难，共甘苦。

总裁在武汉时候，曾有一段话告诉过汪逆精卫，那时候，汪逆对于抗战时时表示出妥协投降的论调，以实现他出卖民族，求得个人荣乐的梦想。总裁说："我们现在如果对敌求和，就只有屈服，而绝无和平可言。其结果必致完全受日本的宰割，世世代代永远没有自由的时候了。所以我们现在要为民族子孙着想，只有死中求生，方能获得光明大道，即使失败了，我们无论退到什么地方，虽只有一省一县的土地，只要我们能信奉三民主义，坚持不屈，奋斗到底，深信最后必能收复失土，获得胜利。当时我并举桌上杯水为例，对他说，我们如能抗战不屈，无论退到什么地方，就是喝一杯冷水也是自由的，即使在瓦砾尘埃之中，吸一口空气也觉得自由。这是正气，这是伟大的中华民族的伟大人格。反对汉奸、反对阴谋家出卖民族动摇抗战的呼声！真的，我可大声告诉大家，我即使失土到最后一点土地，我们还是要吸一口新鲜空气的。"总裁又说："假如我们把金属炼成纯钢，非至火力达到最猛烈、最高度的时候，则精纯坚强的真钢，是不能炼成的，所以我们要抗战胜利，要民族复兴，必须经过这最高度的困难，才能成功，正如天色将曙，黎明将至以前，必然要经过一度极端黑暗的时间，而后无限的光明，就从此涌现而出。"这是总裁最近讲的。他告诉我们，胜利快要到了，胜利一定是我们的，我们在胜利的前一天，是最困难的。所以，我们要深自反省，检讨过去的行动，纠正错误，抱定胜利的信心，与民共患难，和民众打成一片才能度过黎明之前的黑暗，看到我们的太阳。今天，扩大行政会议开幕了，本来要说几句客套话，来安慰大家，祝贺各位，但本人不愿说客套话。今日是硬干、苦干的时候，各县长、区长、乡长、校长都是担负三年建设新赣南的工作人员，希望这次回去之后，对于三年计划的进行，自己也立下一个工作岗位上的三年计划，我们要在赣南立下最大决心，要奋斗三年！牺牲三年！同时要吃苦三年！我深深地相信有我们伟大的总裁，有崇高的三民主义在领导我们，我们已经没有什么踌躇、灰心和其他意外的事情，只要我们能吃苦、冒险、创造，克服困难，我们的三年计划一定可以成功，新的赣南一定可以建立起来。

新赣南第一届运动会的开幕词

1941 年

各位来宾，全体亲爱的运动员：

野蛮的、残暴的、东方野兽日本强盗，想用它的武力来亡我们的国，灭我们的种，这是妄想，这是空想。……[1]只有失去了知觉的日本笨政治家，失去了常态的日本野蛮军阀，才会想出这样自杀的政策。过去，我们中华民国，并不是没有力量，而是没有把力量集中；中华民族并不是没有精神，而是没有发扬我们的精神。自抗战开始到今天，我们四万万五千万的黄帝子孙，万众一心，在蒋总裁领导之下，已经成了一个谁都不能战胜的革命力量，我们的力量，不但能够抵抗日本强盗的侵略，创造强大的三民主义中华民国，并且可以领导日本人民，打倒他们的军阀，创造三民主义的日本，更进一步来创造三民主义的大同世界。

今天，是第一届新赣南运动大会的开幕日，在今天的赣南会场

① 此处略有删节。

上，有一百六十万人民的代表队参加，这充分地表现了我们不屈服、不投降的革命气节，不怕艰苦、不怕困难的革命精神和奋斗创造的革命力量，愈看愈高兴，愈想愈兴奋，愈干愈有力，愈做愈有劲。同胞们，我们回想过去的耻辱、悲痛，想到明天的光荣和胜利，今天就应当不骄傲，不悲伤，立稳脚跟，咬紧牙关，在蒋总裁领导下，积极地来参加抗战建国工作，我们应当坚定对三民主义的信仰，来肃清汉奸奸党，加强自己的组织，用一切力量来打倒敌人，扫除障碍，冲破困难，完成国民革命的使命。

赣南是我们的家乡，我们要建国，当从建设自己的家乡做起，建设新赣南的工作，就是抗战建国的工作。我们在三年之内，要办三百三十一个工厂，要开垦二万亩荒地，要办三百一十四个农场，要建筑两千九百九十五个农业示范区，要成立三千个合作社，要建筑六千零四十三个水利工程，要开辟三百二十一个果园，要建筑二百六十九个新的校舍，这确是我们应当做的工作。但是，我们事业的目的，不是在于工厂、学校、农场及其他的物质建设，而是要用这许多物质建设来改造人民的生活和心理。我们最后的目的，还是在于增加人的数量和改造人的质量。所以：

第一，要提高人民的文化。不识字的人是瞎子，没有学问的人是废人。我们虽然有两只眼睛，可是不能看；虽然有头脑，但是不能想，天地父母生我们下来，只是五官健全的人，我们应当尽量来享受自然界的丰富物质，来克服自然界的力量，来创造幸福的生活。读书是大家的权利，同时，亦是大家的义务。我们要做到人人能够识字，人人能够读书，人人能够读报，人人能够写文章，人人能够听音乐，人人能够养国家。

第二，解决赣南人民的生活。在今天，有许多老百姓吃不饱饭，穿不暖衣服，可是他们总是怪自己的命运不好，这是极大的错误。谁能够劳动，谁能够工作，谁就应当能够解决自己的生计。今天，我们要使每个人都能够劳动，谁不愿劳动，就应当强迫谁去劳动，谁没有劳动工具，我们就给他劳动工具，天是大家的，地是大家的，所以我们要使人人有饭吃，有衣穿，有工做，有屋住。

第三，改革人民的心理。我们要使赣南人民打破自私自利的心理，养成大公无私的精神，打破苟且偷安的心理，养成刻苦耐劳的习惯，打破粗暴野蛮的行为，养成相亲相爱的美德，打破卑鄙龌龊的企图，发扬正大光明的气节。

第四，改良赣南人民的体格。一切事业，都是建筑在强有力的体格上。要有强健的体力，就应当注意卫生。所谓卫生，不但是要整齐清洁，而且要使饮食有节制，起居有定时，做事有始终。

今天，我们开运动会的意义，就在提倡大众运动，广泛开展各项体育竞赛，使赣南人民都成为体强力壮的人种。赣南人民应当有关公岳飞的豪大气节、项羽武松的强健体格、牛顿孔明的科学头脑、总理的革命精神。

同胞们，光明胜利在前面等待着我们，大家抬起头来，挺起胸来，勇敢地向目的地前进。我们的将来是幸福的，但是，我们的工作是艰难的，我们要为将来的幸福来忍受目前的困难，要为光明的将来打破目前的障碍危险，我们自己来建设自己的家乡，我们自己来创造自己的中华民国。

最后敬祝大家健康、进步和成功。

新赣南第一届运动会的闭幕词

1941 年

各位来宾，全体亲爱的运动员：

第一届新赣南运动大会今天圆满地宣告闭幕了，在过去八天当中，各位亲爱的运动员们，都能秉着“国家至上，民族至上”的精神，以最英勇姿态出现于运动场上，紧张热烈地参加各种竞赛，收获到最优美的成绩；同时，还有亲爱的军警同志和童子军们，也都能本着服务的精神，在会场上执行任务，自始至终热忱地维持大会秩序，本席首先向他们表示谢意，同时并祝各位运动员健康与前途光明！

我们生存在现代的世界里，要想争取国家的独立与自由，就必须充实国防力量，尤其是我们中国，正当一面抗战一面建国的时候，更应迅速建立起坚强的国防基础，以击退残暴的敌人。但是我们要知道，一个国家的国防建设，并不只是着重在飞机和大炮、坦克车等武器上，而是倚重于国民的健康体格，只有国民健康的体格，才是建设国防基础最伟大的力量，所以推行国防体育，乃为本届运动大会最主要的目的。在这里附带报告各位，四区专员公署为了要使国防体育运动普遍地推行，正预备颁发一种国防体育奖章，凡能参加各项运动而能合格的人，即由政府发给此项奖章，这种奖章佩挂胸前，便是表示他是最标准、最优秀的好国民，我们希望赣南一百六十万人民，都能参加这广大的运动，都能佩挂这光荣的奖章，使赣南的民众都能锻炼成铜钢般的身体，发挥最大的力量，以负起抗战的使命，完成建国的任务！

今天是大会闭幕的日子，也可说是全赣南体育运动开始的一天。今后并应该将运动场扩大，无论是山谷、原野、水上、田间，以及整个的社会上，都是我们的运动场，要使赣南的每一个角落里都弥漫着体育的空气。

现在，大会虽已闭幕，但值得我们特别指出的就是在这次大会中，曾包括有两点特殊的意义：

第一，平民化——这次参加运动会的选手，除了公务员、军警、学生之外，还有农人、工人、妇女、儿童来参加。他们都抱着愉快的心情，精神饱满地从老远的乡村集中到这里来，参加各种竞赛。由于他们勇敢与努力的结果，就获得了很优良的成绩，得到了大会很多的奖品，由此我们要坚决地在全区开展体能运动。

第二，大众化——这次运动会的项目，不仅有足球、篮球、跳高、跳远、赛跑等项目，同时还有负重、举重、越野、挖土、爬山等项目。而地点，并不是限制在运动场上，如越野赛跑在东门外，爬山竞赛在马祖岩，挖土在南门外新赣南农场……

本届大会举行以后，我们可以说就是全赣南军国民教育的开始实施，今后要使全赣南的人民，都受军国民教育，进一步要这种教育发挥更大的功能，使全赣南的人民，一个个身强体壮，一个个有着高度的民族意识，一个个的头脑都武装起来！

我们要知道，人生在宇宙间的意义是什么？我们更要明白天地父母生我们最大的目的又是什么？我们要不辜负天地父母，要不推动生存的意义，那我们就应该积极地乐观，不断地奋斗，负起救国家救民族神圣的任务，去开展艰巨的革命工作，但是，我们要想完成这种神圣的革命工作，则必须锻炼强健的身体，才能发挥伟大的力量！

现在报告大家一个可欢欣的消息，就是我们亲爱的、伟大的总裁，最近精神非常焕发，身体益见健康，这是象征中国前途的光明，总裁这种可喜的现象，也就是总裁平时对于体育特别重视，对于健康特别注意的结果。总裁常常指示我们说："人生事业，皆在体力，体力首重卫生，所谓饮食有节，起居有常，做事有恒，此乃事业之基本……"我们都是总裁的信徒，我们就应该遵照总裁的指示来切实奉行。

今天，大会已闭幕了，本席以十二万分的热忱，希望全体运动员要做到两点：

第一，今后要不断地锻炼体魄——因为我们发起新赣南运动大会，主要是创造国防力量的基础，所以我们今后推行体育运动，绝不是局限于运动场上，而应该把运动的场面扩大起来，并且要经常地不断地去锻炼。

第二，我们要有牺牲的精神，守纪律，要努力执行本位工作——诸位从运动会回到自己的工作场所，要遵守上面的原则，实实在在地去做事，责任心应该比以前加强，革命的精神更应该比以前加倍奋发。

最后告诉大家，建设新赣南的工作已经开始了，同时为了创造国防力量的基础，第一届新赣南运动大会也举行了，可是我们还要提倡音乐运动、艺术运动以及大规模的科学运动，并普遍地推行深入到民间去，改良人民的生活，丰富人民的思想，使赣南人民知道生活的意义，不但使老百姓知道宇宙间现有现象，更进一步要使老百姓能创造新的、合理的生活，达到了这个任务，才是我们政治的最大的目的！

亲爱的运动员们，大会成绩的总结果，你们大多数都夺到了锦标，也有少数是失败了的，但是，胜利者切勿以此为骄傲，失败了也绝对不可灰心，要知道，有失败，才有成功，世界上的事物绝没有一帆风顺、马到成功的，希望你们仍旧不断地去努力，要在第二届新赣南运动大会夺取锦标。

最后本席有几句话送给你们，就是：“失败了，再努力，再失败，更努力，又失败更加努力，最后胜利，必属于能努力到底者！”

我们知道建设新赣南的工作是艰巨的，是困难的，但是愈艰巨，愈要奋斗，愈困难，愈努力，只有从艰巨困难中完成的工作，才是美丽的。我们大家仰直脊梁，同走上光明的伟大的前程！

爱民如子，爱事如命[①]

1942 年 2 月 11 日

我们大余各级干部在前方战事非常紧张的时候，还能在风景优美的丫山集中讲习真是难得的机会。我们此时生当大时代，一定要担当起大时代所赋予的使命，同时要认清，今天只有强大的力量，才可以打破恶劣环境，克服一切困难，维护世界真正的、永久的和平，故如何使自己的力量增加，这个责任，首先落在青年干部的两肩。

讲习会的当前任务，是要统一各级干部的意志，坚定干部革命的决心，使得每一个干部都是总裁最忠实的信徒。因此，特别对学员提出四点希望：

一、大家要成为报效国家、实行主义的战士

我国有五千年的历史，在这一个悠久的过程中，也曾有过两次

---

① 本文是蒋经国在江西省第四区第九期干部讲习会上的训词。

亡国的痛苦，锦绣河山，胡骑践踏，这是多么可耻之事。近年来，倭寇不断地侵占我土地，残杀我同胞，种种暴行，惨绝人寰，凡有血气，岂忍坐视？我们知道，国家在这危险的时候，民族英雄亦必然更多，如金兵犯宋，便出了岳武穆；元胡亡宋，便出了文天祥；明朝倭寇袭扰沿海各地，便出了戚继光，以及清兵入关，便出了史可法，他们都在国家危急之秋，出来挽救国难，这四位民族英雄，在中国的历史上，都已写下了光辉的一页。

岳飞一生的事业和使命，都是依照他母亲的训示“精忠报国”四字而成功。在《满江红》一词中，便可看出他气魄的伟大，我们也应该把这四个字，刻在自己的脑中，来报效党国。

元胡犯宋，文天祥抵抗失败被捉，敌人威迫利诱，要他投降，有人在狱中对他说：“你的国家，已无可救药了，你还是投降元朝，做一个官好。”他慷慨地说：“父母有疾，虽不可为，无不下药之理，尽吾心焉，不可救，则天命也。天祥今日至此，唯有一死，不在多言。”他把国家和事业，当作自己的父母一样来看待，后来元兵看他誓不投降，加以杀害，发现他衣带中还留下几句话：“孔曰成仁，孟曰取义。惟其义尽，所以仁至。读圣贤书，所学何事？而今而后，庶几无愧。”他认为这样的死，才可以对得起天地父母，才对得起自己的良心。

明朝戚继光将军，屡挫倭寇，他是怎样一个人呢？我们看他所说的话吧：

世之为武夫者，积金帛，广田宅，侈功名，保首领，与时迁移，今人谓之上智。竭心力，治职事，尽其在我，利钝付人，时运不齐，为国忘家，不能封侯，必期庙食，今人谓之下愚。谋不合，道不行，疲有限之精力，必欲维持职守，于必不可为之中，陷阱在前，斧钺不惧，今人谓之愚而又愚者。吾将为智乎？人欲之，而吾心之知不欲也。吾将为愚乎？吾心欲之，而人不与也。必不得已，吾宁将无违吾心，其为愚乎？愚而又愚乎？宜号曰愚愚子，吾人当知所择矣！

在今日的社会上，一般人的看法，还是一样，比如许多人做了官，便造许多房子，买几千亩田地，别人都说他聪明能干，倘使有人天天尽心尽意来办理公事结果仍是“两袖清风”，而人家一定说他“笨”。再如前方作战的将士，为了国家流血、牺牲，人家一定说他是“笨中之笨”。但是我们到底是要做“聪明”的人，还是要做那种“笨中之笨”的人呢？我说：只有这种“笨中之笨”的人，才能救国，才是英雄好汉，才值得我们崇拜和效法。

明末，清兵入关，国家到了不可挽救的地步，而史可法还是坚决抗战，死而后已，他明知扬州不能守，可是他为了抗清，仍旧把守那里，在他的家信上，写有这样几句话：

扬城旦夕不守，劳苦数月，落此结果，一死以报朝廷，亦复何恨！独先帝之仇未复，是为恨事耳。

这种精神多伟大，我们应当把这些可歌可泣的史迹和充当天地的正气，来做我们的课本，并且在科学的群众时代，更要有组织、有共同的信仰，才能完成重大的使命，这一个共同的信仰，便是三民主义，所以，总裁说：“我们要成为一个真正实行三民主义的信徒，和彻底奉行命令的战士。”

二、大家要成为教民强、教民富的导师

所谓教民强，便是教老百姓强健；教民富，便是教老百姓富足，我们国家富强，先要教老百姓富强。今天中国的老百姓为什么不富强呢？原因在没有人好好地教他。以后我们要教老百姓强，即教老百姓脑力强，实是教人格强，教民富即要老百姓吃得好、穿得好、住得好。中国有优秀的民族、广大的土地、丰富的物产，我们若能好好地去教百姓，一定要成为世界上第一等强国。今后我们一定把教民这一个任务，放在自己的肩上，所以特别提出来说：我们要“爱民如子”。从政违规上有一段话：“小儿或饥或寒，自家不会说。为慈母的保爱他，用心诚探求他所欲，虽不能尽中其思，也不甚相信。若百姓的好恶，比小儿又容易晓，为人士的，但推此心，诚实去求之，未有不得其所欲者。”又说：“爱民而民不亲者，皆爱之不至也。书曰：如保赤子。试能以保赤子之心爱民，则民岂有不亲者哉？”所以我们要保民如保赤子，方才是从政人员的精神。张子西铭说过：“尊高年，所以长其长，慈孤弱，所以幼其幼，圣其合德，贤其秀也。凡天下疲癃残疾，茕独鳏寡，皆吾兄弟之颠连而无告者也。于时保之，子之翼也。”他认为尊敬老年、慈爱幼儿和保养鳏寡孤独是天地好生的大道，对这些人，一定要把他们看作自己的父兄子弟一样。这种仁爱之心，我们为公务员的，务须培养成功，要出以至

诚，毫不虚伪地来爱护老百姓。

讲到这里，我们便来研究怎样教民的问题。在赣南我们要怎样来教民强、教民富呢？我认为很简单，只要大家能实行三年计划就够了。这里还要知道，我们要民强、要民富，并不是指个人的强或个人的富，而是要大家强、大家富；亦不是指一时的强或一时的富，而是要永久的强、永久的富。今日老百姓的教育程度很低，他没有远大的理想，今天有钱只会今天用，而不会去考虑以后的问题。我们要认清为了大家的富强，为了永久的富强。在今天，也许还会更穷，因为许多现象，在目前那样，付出很多的钱来做，这正好比把一笔财产存在银行里，以后就有无穷尽的好处。

三、大家要成为构造科学建设赣南的实行家

事业和工作不同：工作是零碎的，事业却是整个的一体。我们今天办一天公，这是工作；而新赣南计划实现，这是一个事业。所以说：事业是一天天工作积累的成功。我们说一个人没有事业，其实也就是说他的工作是白费了的，和尚们“做一日和尚撞一日钟”，他们不会有什么事业，我们决不要像和尚一样，得过且过地做一天公务人员办一天公，必须要注意到整个事业，为整个事业而努力工作。要想完成事业，便要有远大的眼光和理想，要知道理想不是空想，不是好高骛远。和尚天天念“阿弥陀佛”，天天想“上天”，这才是空想。

理想是怎样的呢？比方我们现在天天吃糙米饭，吃两个素菜，而且穿的是草鞋旧衣，这种生活当然是很苦的，到底我们应当不应

当吃苦呢？应当的！但是我们今天的吃苦，并不是为吃苦而吃苦，乃是为了幸福、为了享受而吃苦，就是说，为了以后我们有鱼肉吃，有皮鞋穿，有顶好的哔叽衣服穿，所以来吃苦，也就是为了要实现我们那一个远大的理想而吃苦。大家晓得赣南还有土匪，到处都是烟赌，县县都有非法组织，情况混乱到了极点，现在都一扫而光，但是这并不算我们的理想目标，我们的目标是人人有工做、有饭吃、有衣穿、有屋住、有书读，我们决不能够以目前的情况为满足，而要坚忍苦斗，做一个别人所认为“笨中之笨”的人。今天不是空谈理想论的时候，是要大家实实在在站在自己的岗位上去工作的时候，实现了三年计划，即是我们忠党爱国的具体表现，我们要为自己的职责、为自己的事业，来求得这一个理想的实现。前面讲到我们要“爱民如子”，现在我再加上一句，便是“爱事如命”。

四、大家要成为做好人、做好事的模范者

什么叫作好人？什么叫作好事？关于这一点我曾草拟了十篇《新赣南建设》，希望大家详加研究。我认为如果大都能够如报上所说的，便是好人好事。但是无论什么事，一定需要有人来领导大家做，这个任务干部同志应该负起责来的，区长、乡长是一乡的教师，应处处以身作则，身体力行来做老百姓的好榜样，自然教成政通。好人可以这样来解释：一、廉洁清白；二、自立自强；三、我为人人。

打脱牙齿和血吞[1]

1942 年 7 月 19 日

你们到虎岗来的时候，正是炎热的夏天，而现在已经是初秋了。再过两三个月，在原野上的树木，除了长青的松柏，所有的树叶青草，都会被秋风吹枯打落；天空中的飞鸟，除了勇敢的岩鹰，其余的小鸟都将各自飞散，躲避到温暖的地方去；地上的昆虫，有的将要开始“搬家”，有的将要藏起来。就是人类为了抵抗寒冷，亦都要想办法建修房屋、补衣裳和储藏粮食。这都是为了要生存，要继续地生存下去！

再过些时候，天上飘下来的白雪，就像信号一样地告诉大家：一年又过去了！一年的时间，从地球整个悠久的生命看起来。这是一个极短促的阶段，但是从我们个人有限的生命时间来看，却是一段非常值得留恋和有用的宝贵时间！可是时间是最不留情的，谁亦没有力量将这个“客人”留住不走。我们看着它一年一年地过去，

① 本文是蒋经国在赣县青年夏令营出营典礼上的演讲。

但是不应当以为过去了一年，就好像离我们的“死亡”近了一年；而应当认为：这是离我们最后胜利的一天又近一年。我们青年人无论对什么问题，都要从积极的、乐观的一方面去看，而绝不应当消极悲观！积极和乐观，这是幸福；消极和悲观，这是死路！大家应当祈求幸福，向光明之路迈进！

每一个人活在人间，都有他一定的时间和一定的空间，因此亦就有他一定的责任，无论在什么时候、什么地方，我们的责任是一个“追求真理”！我们一生的目的亦就在此。对真理我们要从近的地方追求到远的地方，要从幼年追求到老年，无论何时何地，都应当不断地追求它！这才是生命价值之所在。真理既经发现，就当为真理去牺牲，这是我们最大的权利和义务！有人说：到天堂去是一生最快乐的事情，我们知道，天堂是渺茫的，可是真理却的确是存在宇宙之间，它足以代替天堂的美满。这就是说：追求到了真理，就是一生最快乐的事！中国的青年活在伟大的祖国里，这是我们生存的空间，而又是生在国家生死存亡的最后关头，这是我们生存的时间，实行三民主义，救国家，救人民，这是生存在这一个空间和时间中的唯一责任，这个责任，亦是我们中国青年生存的真理。正如前面说的：我们既经发现了这个真理，我们就应当为它牺牲，生死以之！亦就是我们真正的生命意义。

今天，国家是在痛苦中挣扎，是在灾难中度过，满目疮痍，遍地血腥。它的成长是何等的艰困！何等的痛苦！尤其是近百年以来，我们被帝国主义扣上了精神上的“手铐”和经济上的“脚链”，已经做了一百年的牛马奴隶。经过无数次的奋斗，到今天才用自己的力量把这个“手铐”“脚链”打碎了。够了，百年的奴隶已经抬头，现在要做自由的主人翁了！今后大家的责任，就是用自己的血汗来创造富强康乐的中国，三民主义青年团夏令营，为了要完成这个任务，所以要聚集优秀的青年，加以培养，使成为三民主义的新青年，来创造三民主义的新中国！

在夏令营里面，第一，就是要坚定青年人的革命信仰和坚定革命的自信心。所以第一周的训练目标，是信仰主义，信仰领袖、总理遗教、总裁言行、人生哲学、现代思想批判，这几门功课就是在使每一个青年都有纯洁的革命思想——三民主义。第二，就是要青年们认识建国责任的重大。为了完成建国的事业，大家必须提倡科学，研究科学！掌握中国之命运！这是青年人的任务，营中所讲授的土木、水利、建筑、电机、矿冶、化工、现代物理、农业、卫生，以及经济建设这许多功课，都是依照中国之命运的指示分门别类地讲解，昭示青年人去完成十年的实业建国计划。第三，我们要使得青年人都有强健的体格、活泼的精神，所以要格外地注重体育和音乐。第四，青年人不但应当有革命的思想和认识，而且要有革命的斗争精神和美满的人生理想。第一周的训练目标是学知识，第二周的训练目标是互信、互爱合作，第三周的训练目标是冒险、刻苦、同情，第四周的锻炼目标是美丽、幸福和快乐。

在这五个星期中间，我们曾经自己烧过饭，挑过水，搬运过柴炭。曾经到社会上访问过最穷苦的百姓，亦曾到农村去帮助农民耕田割稻，和洗衣服、挑肥料，曾经在黑夜里爬登过二十五里高的崆峒山峰。在日常生活中，所要求你们吃完了饭不得有一粒饭留在碗里，在路上看见了垃圾就要随时地拾起来，这虽然都是小事，但都是做人的基本要求。我们严格地责备过你们，亦还罚过你们，都是为了要使你们觉悟，要你们好！在营里曾经举行过江西青年大会，讨论发动江西青年建设新江西的政治问题，又开过运动大会，每个学生都参加了体育比赛。最后又发动了一次有力量的青年大示威和高兴快乐的光明之夜，倘使把整个的训练经过概括来说：就是要培养一群有科学知识的、有强壮体格的、有道德观念的而又有远大理想的青年，同时，指示大家一条正当的革命大路，让大家勇敢地走向前去！

在夏令营里面，大家吃的是青菜豆腐，穿的是布衣草鞋，在猛烈的太阳光之下，一样地劳作，在暴风雨之中，照常操练，常常在深夜里，还要集合起来检讨各项问题，这都是相当苦的生活，然而同前方的将士和穷苦的人民比较起来，可以说还不算是真正的苦！谁愿意吃苦？谁又不想甜蜜？但是不曾吃过苦，又哪里能够得到甜蜜？不经过锻炼，又哪里能够造成顶天立地的钢铁好汉？我们想甜蜜，但是得不到甜蜜，我们想快乐，但是得不到快乐，这是今天的实情，为了争取大家的甜蜜生活和永久的快乐，所以我们今天才肯忍受痛苦去奋斗！我们谁没有哭过？谁又没有笑过？哭和笑只是情感的冲动，而青年人是需要平心静气地来思想，轰轰烈烈地来拼命！

希望是理想，同时亦是力量。

我们的希望是：旧的一切赶快灭亡，新的一切赶快胜利！

我们的希望是：要消灭发国难财的贪官污吏和压迫人民的土豪劣绅。

我们的希望是：驱逐倭寇，收复失地！

我们的希望是：要国家富强，人民康乐！

我们的希望是：要三民主义的实现，中华民族的复兴！

这是我们共同的希望，亦是我们共同的理想。倘使大家都有实行这个希望和理想的决心与信心，那么，这就是伟大无比的力量，这个力量会保证我们共同事业的成功！为了我们共同的理想，大家应当紧紧地携起手来，高唱斗争的歌声，举起革命的旗帜，去奋斗！去牺牲！只要我们的脉搏还在跳着，我们的斗争就应继续坚持！我们活一天，就要干一天！倘使有人问我们干什么，我们就以洪亮的声音告诉他：革命！革命！要推翻旧的，创造新的！

青年朋友们，你们都是新中国的新生命，是民族之至宝！今天你们第一个任务是学习科学，第二个任务是学习科学，第三个任务还是学习科学！科学是黑暗世界的明灯，是光明的正路！我们中国人等待这一盏明灯，已经等了好久了，现在我们还是要这一盏明灯来照耀中国之远大前途！科学的领域里，是永远没有旧的，青年人应当继续不断地创造新的！

幸福与力量是分不开的，希望与斗争是永远在一起的。因为只有力量，才能创造幸福，只有斗争，才能实现理想。有人说："幸福道路上最后的结局，总是离别和分散。"这是不对的！我们说：离别不过是时间与空间的变化，绝不是精神上的离散，除非是等到地球整个瓦解的时候，才是人类真正互相告别的日子。但是，我们相信，等到地球快要崩溃的时候，人类一定早已从科学上想出法子来，逃到别一个星球上去了。所以，人类幸福的道路是宇宙之间最长的一条路。我希望大家出营之后，人人能走正当的人生之路，坚定革命的决心，勇敢地向前走去！但是，你们不要忘记，在社会上，有许多人好像狐狸一样的狡猾，在想法子来引诱和欺骗你们。我要再三地叮嘱你们，不要去上他们的当！亦有许多人好像豺狼虎豹一样的凶猛，想在那里杀害你们，我亦要再三地叮嘱你们，不要被这些败类所害。

你在人生的路途上，应当多结合志同道合的真心朋友，共同地去开道路，破难关！你在困难危险的时候，倘使能够具备“打脱牙齿和血吞”一样的精神，那么你的成功，是有把握的，我们的胜利亦一定是有希望的！

我希望你们好像炸弹一样，来炸毁旧时代的根基；好像大刀一样，来杀尽旧时代的败类；好像是雷雨，来洗净旧社会的渣滓；好像是阳光，来培养新社会的生长！大家结合起来，结成一个钢铁的、坚强的革命队伍，在伟大的团长指挥领导之下，去创造新中国、新世界！中国的青年不但应当自信有力量来统一中国，建设中国，而且相信有力量来创造新的大同世界！

发挥人的天性[①]

1944 年 6 月 25 日

各位青年朋友们：

今晚你们纪念诗人节，举行诗歌诵唱晚会，我没有接到你们通知，一个人便赶来参加，因为我很想与大家青年朋友见面，谈谈话。在别的地方，人家做逃难打算，而我们赣州青年却在这里举行晚会，这是非常有意义的。

青年朋友都喜欢文艺，你们爱好歌唱，爱好写作，爱好文艺，是富有热情的，也是最纯洁坦白的。我们相信，一班醉生梦死的青年，消沉、没有斗争意志的青年，他们一定不喜欢诗歌。

我觉得诗歌能够发挥国家的感情、青年人的感情，因而在战斗的时期，诗歌作者应该为大家描绘出希望，启示出光明。高尔基的《海燕》便是楷模，他描写海燕冲破狂风暴雨，到达彼岸，冲破黑暗，迎接光明，所以《海燕》诗有它不朽的价值。在现阶段，不讳

① 本文是蒋经国在江西省第四区诗人节诗歌诵唱晚会上的演讲。

地说：很多青年消极、苦闷，自然社会中现在不免有使青年消极、苦闷的因素，但应该像海燕那样鼓起勇气去克服困难，光明自然会到来。

在困难中，大家应互相策励前进。譬如，一个人走进黑暗的地方，愈走，心里愈慌；倘使有伴侣，拿希望策励，最后必能走进光明的境地。现在青年人有一个大毛病，见了面，就诉苦闷，发牢骚，再不然便浇冷水。这个青年人要上前线，另一个便浇一盆冷水，使他心灰意冷，这是最要不得的。在座诸位，都系青年，所以我特别拿这两点：一、希望冲破黑暗、难关，迎接光明；二、艰苦地勉励青年伴侣向前进。

中国社会，现在还是一个老大旧社会，旧社会是不容许新生的力量成长起来，因此青年人的痛苦、苦闷，是需要青年人自己去谋解决。在旧社会中，我们的诗歌，如果采用谩骂方式是不行的。我们的青年时期很短，如果谩骂下去，自己持大，便愈会消沉下去，我们应当揭示希望，勉力前进，专描写痛苦，也不是办法。我们流眼泪，眼泪愈流愈会多，用什么东西才能把眼泪揩干净呢？手帕绝不能够，只有乐观才可以，这并不是说诗歌不能描写痛苦，我觉得描写痛苦，更要描写快乐。

今后我们的诗歌，尤其是要发挥人的天性，在现在旧社会中，我们青年看不到爱和恨，也可说不容许我们去爱或恨，一切都是欺骗，所以我们要发挥人的天性，抒发歌唱我们心里真正要爱的，真正要恨的。这样诗歌才有力量，才能感动人。现在我们看到很多诗歌，因此不能引起别人的同情，便出于没有人的本性，不是歌唱自己心里真正所爱的、所恨的。所谓人的本性是自由、平等、博爱，因此歌唱要代表广大的群众真正的利益，作那些“窗前杨柳树，和女人的头发一样”的诗，根本不会打动别人的心灵，而作平平仄仄的诗，则完全是像做官样文章。我们要诗歌作得好，应当到贫困中去生活，到战争中去学习，世界上无论哪个文豪都是从艰苦斗争中锻炼出来的。现在战事紧张，无论战事怎样紧张，我们仍是要坚持奋斗下去。现在我们赣南在加强战斗准备，希望赣南文艺工作者，参加进来，大家互相勉励，用我们的铁笔和歌喉，高兴地描写、歌唱中国的解放、自由、平等、幸福！

人生的意义和价值[1]

约 1944 年

想起在开学的时候，和大家讲了很多的话，不觉半年已经过去了。时间是最不客气的，它绝不会等候我们的。大家是从全国各地而来，在学校中共同生活，共同学习，共同研究革命的道理。这种情形在十年、二十年后，回想起今日，正如今日之忆昨日。我有个感觉，我在小时候，母亲替我穿新衣，带我去拜孔夫子，吃糖茶，想起那种情景，真如昨天一样。为什么我要讲这些话呢？就是我常常感觉到害怕，我怕我来到这世界上活得太空虚，怕白活一世，就是那样糊里糊涂地来了，又是那样糊里糊涂地去了。到底人活在世界上是为什么？有什么意义呢？为什么干这些干那些呢？假使这一切未弄清楚，那就一切都是一个大谎。人不是活就是死，我们要“活要活得有意义，死要死得有价值”。我们要寄托我们的精神，我们要充实我们的生命。我们的一生，也就好像一个空匣子，我们在

① 本文是蒋经国对三青团中央干部学校学员午夜点名时的讲话。

这空匣子中要放些什么东西呢？拿什么东西来充实它呢？我们应该拿事业，革命的事业，也就是为多数人谋福利，为国家、为同胞流血流汗来充实我们的人生。

干校同志应确立革命的人生观，我们要看破假的一面，要看中人生真实的一面，现在一般青年把问题看不穿，好像每个青年面前有很厚的一层雾一样。我对虚伪的一面是看穿了。吃吗？什么好的东西我都吃过。说到尊贵吗？人家奉承我像奉承皇帝样的我都承受过。我对这些虚伪的、假的我都看过，而想起来这都是虚伪的、假的，我现在究竟有什么贡献于国家、人类可以值得这样呢？这不是假的吗？我可以不带一文钱，不带一个证件，可以跑遍全国。所以我以前说的新的、真正的、人与人的关系应该建立起来。对人家怎样小看我，人家的冷眼，恐怕你们都没有受过。假如我们只看到这些人家如何奉承我，人家如何小看我，这些假的一面，那我们还觉得人生有什么意义呢！我们可以去自杀或去做和尚，又何必来干部学校呢！这就因为人生有真的一面，我们应该看重它。何为真的一面，在今天：

第一，是国家；

第二，是领袖；

第三，是人民。

我们要为这三者去奋斗，才是实在的，才可以充实人生的空匣子。我们应确定这样的人生观，假如我们以个人的立场去争夺权利，结果没有什么可得，我们争的只是一口棺材，夺的只是一堆黄土。我们要为国家、为人民、为领袖去奋斗。这是人生最要紧的观点。

我们应从死中求生，从军是去死的，并不是升官发财的，然而干部学校的同志，究竟有几个同志从军是想去死的呢？想到前线的壕沟生活呢？现在我可以批评你们，因为过去我们不认识，现在是有情感的了，我们要彻底认识人生。其次干部团结的力量尚欠坚强。我们要在实际中来求坚强。我们觉得我们同学，一个人能做一个人用时，力量不能算小。但我们尚未锻炼坚强，我们晓得有很多同学的家里生活很苦，倘使把这痛苦真当作痛苦是无用的。你们要把痛苦这两个字想一想，你们只受到肉体上的痛苦，精神上的痛苦你们受到过吗？你们能忍受精神上的痛苦吗？革命的这把宝剑，要用烈火才能锻炼得出来。你们尚未能炼出来。我们的教育方针，就是要把你们放在烈火中锻炼，要你们忍受肉体上的和精神上的痛苦，能坚强地站得起来。

我说你们有几点大错误：

一、私心太重

说到私心，谁无私心，谁无私心呢？任何人都是有私心的。菩萨都是有私心的。你们看到乡下土地庙的土地菩萨了吗？我看到一副土地菩萨的对联：“敬我一炷香，保你生幺儿。”私心是存在的，有人就有私心，否则天下没有爸爸妈妈了。无论怎样大公无私，这都是相对的。过去我不认识你们，我就不管你们，现在你们是我的学生、我的同志，我就不能不管你们。我对你们说，就不能说这不是私心。问题是在私人的利益与公家的利益冲突时，能否放弃私人的利益，放弃自己的私心。我怕你们当公家利益与私人利益冲突时，不能放弃私人的利益。中国今天政治上的各种失败，都是私心太重。

我们不是为己，我们要放弃私人利益，以维护公家的利益。

二、政治上的幼稚

你们对政治上的问题，既不能深刻地认识，又缺乏政治斗争的技巧与方法。你们很幼稚，这种幼稚病不改过来，对你们未来的前途是很危险的。例如这次本校团部的人选错误，为什么会随便选出，这是幼稚的。即选出后又要求开团员大会再改选，已经是有点错误了。然而监察也如此要求，这就是不相信自己了。这是多么的幼稚。幼稚，不是一时可除掉的，你们慢慢改过来。

三、气量小

一个做大事业的人，应该有极大的气量，俗话说，宰相肚里能撑船，就是气量大的意思。气量小的人，如有人批评他一句，就好像非报复不可。我们革命团体是要有朋友的，我们要开门主义。今天校长所最头痛的，就是不能团结。干部学校的百年大计，就在团结全国革命力量，所以我们要气量大，要朋友多，要开门主义。现在我们的事情，人家是不会明了的。我们自己要晓得，要这样做下去。

四、胆量小

胆量是信仰与经验才可以培养起来的。干部学校不是培养事务人才，而是培养眼光远、胆量大的干部。我从壁报上看出你们的胆量不大，没有创造性。政治斗争是需要胆量大的。

最后告诉你们，从军同志与未从军同志，没有什么分别。研究部同学要爱护专修部同学。对学校干部要尊重，对朋友要忠实。你们做一事，必先下定决心。在世界上决心做一件事情，这件事情没有做不成功的。

图书在版编目(CIP)数据

战斗的可能 / 张学良等著. — 北京 : 中国文史出版社, 2019. 12

(民国演讲 ; 第二编)

ISBN 978 - 7 - 5205 - 1292 - 3

Ⅰ. ①战… Ⅱ. ①张… Ⅲ. ①演讲 - 中国 - 民国 - 选集 Ⅳ. ①I266

中国版本图书馆 CIP 数据核字(2019)第 193268 号

责任编辑：薛媛媛

出版发行：中国文史出版社
社　　址：北京市海淀区西八里庄 69 号院　邮编：100142
电　　话：010 - 81136606　81136602　81136603（发行部）
传　　真：010 - 81136655
印　　装：北京新华印刷有限公司
经　　销：全国新华书店
开　　本：720 × 1020　1/16
印　　张：18. 5　　字数：198 千字
版　　次：2019 年 12 月第 1 版
印　　次：2019 年 12 月第 1 次印刷
定　　价：65. 00 元